福建海上丝绸之路

厦门卷

王日根　段芳　胡舒扬　牛震宇　著

· 福建海上丝绸之路研究丛书 ·

福建省政协文化文史和学习委员会　福建省炎黄文化研究会　编

海峡出版发行集团　福建人民出版社

图书在版编目(CIP)数据

福建海上丝绸之路. 厦门卷/福建省政协文化文史和学习委员会,福建省炎黄文化研究会编. --福州：福建人民出版社,2019.12
　　ISBN 978-7-211-08374-9

Ⅰ. ①福… Ⅱ. ①福… ②福… Ⅲ. ①海上运输－丝绸之路－历史－厦门 Ⅳ. ①K295.7

中国版本图书馆 CIP 数据核字（2019）第 299680 号

福建海上丝绸之路·厦门卷
FUJIAN HAISHANG SICHOU ZHI LU · XIAMEN JUAN

作　　者：	福建省政协文化文史和学习委员会　福建省炎黄文化研究会
责任编辑：	何水儿
出版发行：	福建人民出版社　　　　电　话：0591-87533169(发行部)
网　　址：	http://www.fjpph.com　电子邮箱：fjpph7211@126.com
地　　址：	福州市东水路76号　　　邮政编码：350001
经　　销：	福建新华发行（集团）有限责任公司
印　　刷：	福州德安彩色印刷有限公司
地　　址：	福州市金山浦上工业区 B 区 42 幢
开　　本：	787 毫米×1092 毫米　1/16
印　　张：	14.25
字　　数：	166 千字
版　　次：	2019 年 12 月第 1 版　　2019 年 12 月第 1 次印刷
书　　号：	ISBN 978-7-211-08374-9
定　　价：	98.00 元

本书如有印装质量问题，影响阅读，请直接向承印厂调换。
版权所有，翻印必究。

| 前　言 |

　　2013年9月和10月，中国国家主席习近平在出访中亚和东南亚国家期间，先后提出共建"丝绸之路经济带"和"21世纪海上丝绸之路"（简称"一带一路"）的重大倡议，得到了国际社会的高度关注和广泛参与。"一带一路"倡议有利于促进沿线各国经济繁荣和区域经济合作，加强不同文明交流互鉴，促进世界和平发展，是一项伟大的事业。福建作为21世纪海上丝绸之路核心区，实至名归。历史上，福建是海上丝绸之路的重要起点和发祥地，现实中，福建在21世纪海上丝绸之路建设中也将发挥其作为核心区的重要作用。目前，关于福建海上丝绸之路的研究却起步甚迟，系统、深入、全面探讨和研究的专著尚缺。研究历史上福建海上丝绸之路的形成、发展、兴盛和变迁，研究福建沿海各地及福建内陆在海上丝绸之路中的地位和作用，为21世纪福建海上丝绸之路建设提供历史借鉴，这是本丛书编纂的目的，因此本丛书探讨和论述福建海上丝绸之路的历史，限于1949年

之前。

"闽在海中"，"涨海声中万国商"，福建海上丝绸之路历史悠久，内涵丰富。"福建海上丝绸之路"可以定义为福建与其他国家和地区进行经济文化交往的海上通道。秦汉时期，福建的海上交通已相当频繁，《后汉书》卷33《郑弘传》载：郑弘"代郑众为大司农，旧交趾七郡贡献转运，皆从东冶泛海而至"。东冶即今福州。由此可知，汉代的福州已是东南沿海的重要商港与转运口岸，是海上丝绸之路的重要一环。三国时期，孙吴统治者在福州设典船校尉，负责督造船只，在闽东沿海设温麻船屯，建造船只。载运丝绸等物的福建船只已北达辽东、朝鲜，南抵两广、南洋，东至日本，开始在以贩运丝绸为主的海上丝绸之路上扮演重要角色。隋唐时期，福建港口迅速兴起，闻名于世，正如唐代诗人在描述福建港口中外交往盛况时所写："云山百越路，市井十洲人。执玉来朝远，还珠入贡频。"宋元时期，福建海上丝绸之路进入鼎盛时期，福建泉州港以"梯航万国"的"东方第一大港"而著称于世。根据南宋赵汝适所撰《诸蕃志》记载，当时与福建有通商关系的国家和地区有58个。具体来看，东亚有高丽和日本，东南亚有占城、真腊、罗斛、三佛齐、阇婆、兰无里、渤泥、麻逸、三屿等，南亚有南毗、故临、注辇、鹏茄罗、细兰等，西亚有麻嘉、翁蛮、记施、白达等，非洲有勿斯里、遏根陀、默伽猎、层拔、弼琶罗、昆仑层期等，欧洲有斯加里野等。到了元代，据汪大渊《岛夷志略》记载，福建海外贸易除了原有的国家和地区外，又增加了东南亚、南亚、西亚地区中的10多个国家的30多个地方。明代，福建商人通过菲律宾马尼拉的大帆船贸易，从福建漳州月港等港口，将中国丝绸、瓷器等商品运送到万里之遥的美洲墨西哥。这条从福建经马尼拉到美洲的海上丝绸之路，使原有的海上丝绸之路骤然向东大大延伸。明清时期，西方殖民者东来，以郑成功等为首的福建海商集团和民众与之作坚决的斗争，发展海上贸易，使闽台的经济政治成为一体。鸦片战争后，西方殖民者入侵福建，但福建的海上丝绸之路仍在艰难中前行，并终于迎来了1949年中华人民共和国成立的新曙光。

福建海上丝绸之路从时间概念上看历史悠久，积淀丰厚，且持续性强，没有中断；从空间上看，具有世界性，将中国与东亚、东南亚、南亚、西亚、非洲、欧洲以及美洲联系在一起，形成一个世界性的网络，影响了世界，也反哺了中国，蕴育了福建拼搏、开拓、创新和团结的人文性格。

本丛书撰写要求尽量采用新资料、新观点，力求做到科学性和普及性的统一。本丛书不仅对海上丝绸之路研究具有重要学术价值，同时对福建海上丝绸之路的各项产业发展也有借鉴价值，具有一定的现实意义。

本丛书除总论《福建海上丝绸之路·史纲》外，福建沿海及内陆依行政区划分，设福州卷、泉州卷、漳州卷、厦门卷、莆田卷、宁德卷，福建内陆的龙岩、三明、南平三地合编为腹地卷；各卷前设"绪论"，后设"结语"，主体内容既有按历史发展时序作纵向论述，又有按专题分类作横向论述。

本丛书的撰写者为厦门大学、福建师范大学、闽南师范大学、龙岩学院、宁德师范学院、莆田市委党校及福建省文史研究馆、泉州海外交通史博物馆、莆田市社科联、福州市社科院等单位的学者及专业人士。

本丛书由福建省政协文化文史和学习委员会、福建省炎黄文化研究会共同主编。

丛书疏漏与不足之处在所难免，祈望读者不吝赐教。

福建省政协文化文史和学习委员会
福建省炎黄文化研究会

| 目　　录 |

绪　论 /1
　　第一节　厦门的地理位置与方位　/1
　　第二节　厦门经济的外向型特征　/8

第一章　厦门早期的海上贸易 /14
　　第一节　宋元时期同安青瓷的外销　/14
　　第二节　明中后期厦门官私力量冒禁涉海贸易　/26
　　第三节　郑氏集团的滋长与壮大　/32

第二章　清中叶以来厦门通商口岸的建设 /37
　　第一节　厦门通商口岸的东洋贸易　/38
　　第二节　厦门通商口岸的西洋贸易　/42

第三章　民国年间海上贸易对厦门的回馈 /48
　　第一节　厦门城市基础设施的快速建设　/48
　　第二节　厦门工商各业的蓬勃兴盛　/53

第四章　明清海洋政策对厦门发展的影响　/61

第一节　明代摇摆式海洋政策对厦门发展的影响　/61

第二节　清初迁界与厦门的持续繁荣　/79

第三节　清海关、洋关体制下的厦门　/84

第五章　厦门与东北亚、东南亚的贸易　/104

第一节　厦门与东北亚的贸易　/104

第二节　厦门与东南亚的贸易　/112

第三节　厦门与其他国家的贸易　/136

第六章　厦门海丝商业文化的基本内涵　/155

第一节　厦门海船制造业的兴盛　/155

第二节　厦门海洋文献的涌现　/161

第三节　厦门海洋神灵的纷杂　/177

第四节　厦门海洋活动的人群　/185

结　语　/198

参考文献　/204

后　记　/220

绪 论

第一节 厦门的地理位置与方位

一、岛屿

厦门是一个被陆地湾线包围着的岛屿群，除了最大的岛屿厦门岛之外，还有若干小岛屿，包括鼓浪屿、宝珠屿、大兔屿、嵩屿、猿屿、鸡屿等，从高空往下看，厦门岛及其附属岛屿就像一串珍珠散落在厦门湾里，也像一只白鹭栖息在一顷碧波之上。厦门岛有234千米的海岸线。在漫长的历史上，岛上居民稀少，内陆移民曾发现岛上也可开辟出农田，长出"嘉禾"，但适合发展农业的空间着实有限。所以长期以来被海盗占据，成为躲避官府追剿之所。颜思齐、蔡牵都在这里留下过足迹。明初周德兴曾奉命在

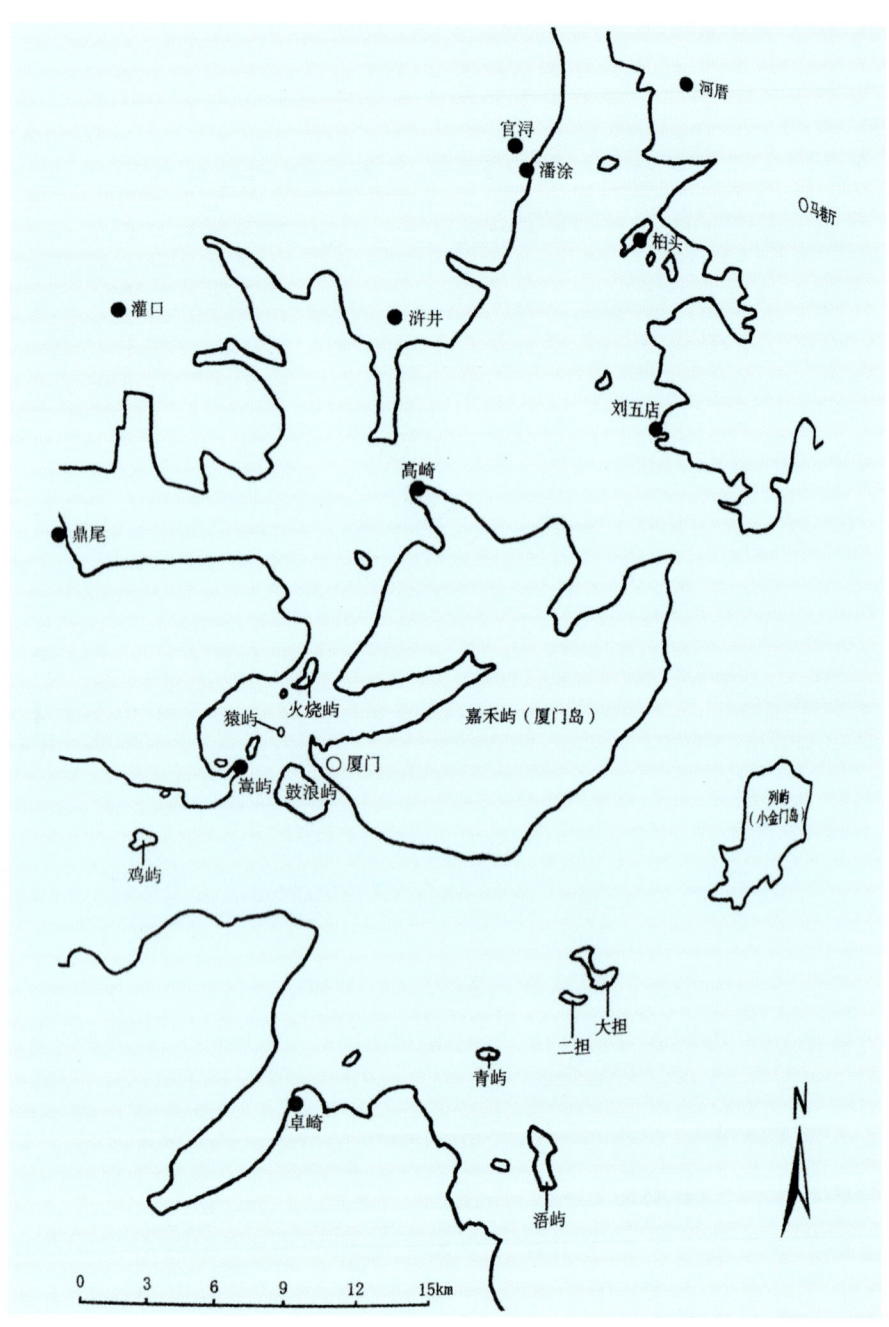

厦门的外港，引自（日）村上卫著，王诗伦译：《海洋史上的近代中国：福建人的活动与英国、清朝的因应》，社会科学文献出版社2016年版，第4页

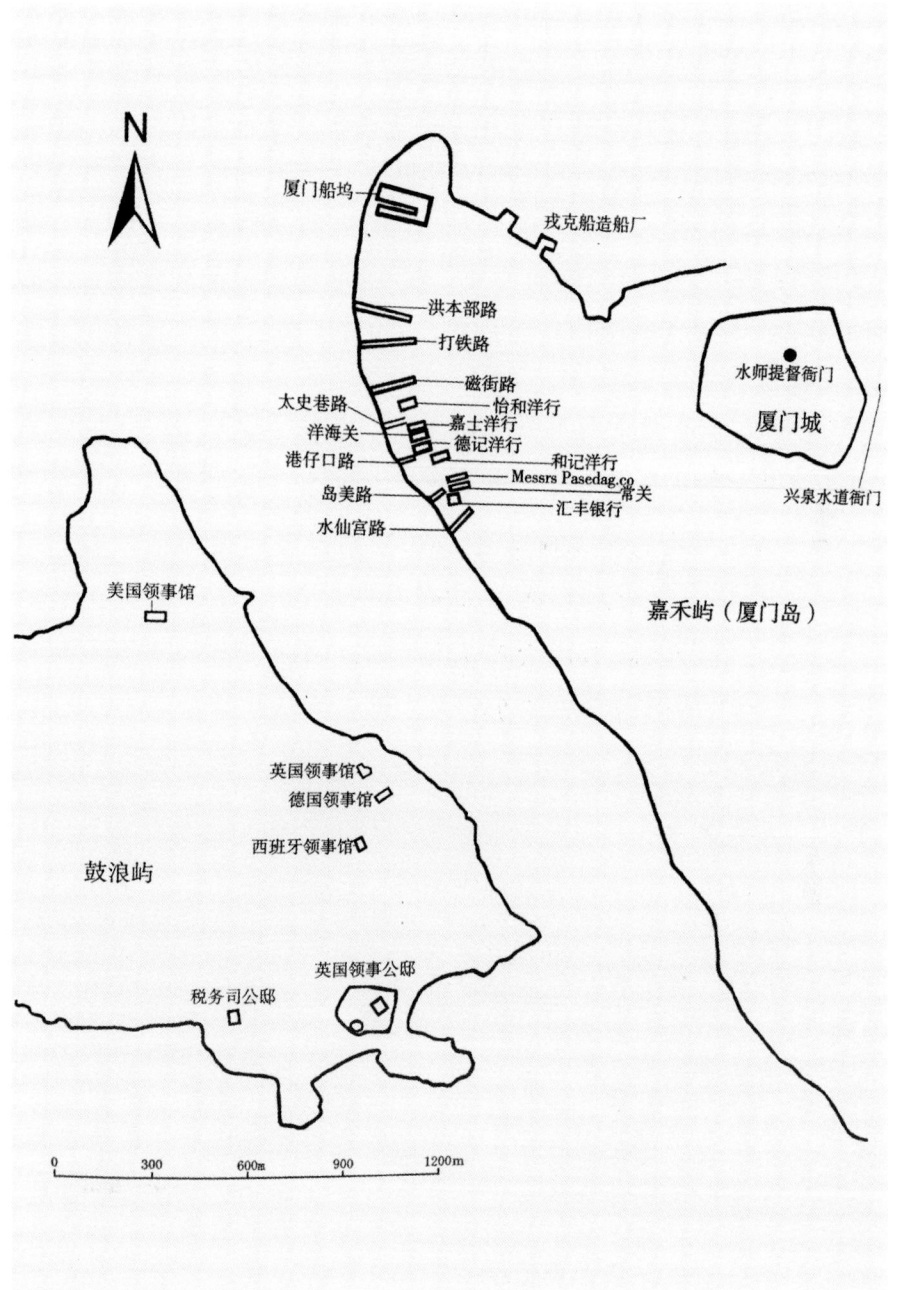

厦门的内港，引自（日）村上卫著，王诗伦译：《海洋史上的近代中国：福建人的活动与英国、清朝的因应》，社会科学文献出版社2016年版，第5页

厦门筑城，并在厦门建立中左所，明末清初海盗兼海商的郑氏集团将厦门发展成海洋贸易基地，与明清王朝开展了长达半个世纪的对峙，使厦门成为当时世界知名的地方。进入近代以后，厦门的海防地位日益重要，英国殖民者很早就认识到这一点，执意强迫清廷将厦门列为通商口岸。近代中国海军建设起步于福州，但厦门无疑是一个重要的海防要塞，故1896年建成的胡里山炮台仍借助朝廷、地方民众和商人的力量，购置了两门28生的德国克虏伯大炮。

厦门岛地处北纬24°27′，东经118°2′，《鹭江志》说厦门岛"四面环海，纵横三千（十）里许"，周凯在《厦门志》中说厦门岛"广袤五十里"。今人靳维柏、郑东的《厦门城城址调查与研究》说：根据文献记载以营地尺测算明代厦门城应有周长1363米，清代多次扩建后为1920米，墙高9.6米，顶宽3.8米；根据量地尺测算明代厦门城为周长1393米，清代扩建后为2070米，

厦门城遗址

墙高10.4米，顶宽4.1米。实地勘测则显示，清代厦门城郭周长1450米，顶宽3.5~3.6米。

二、气候

厦门地处亚热带，东临太平洋，受到热带海洋气团和极地大陆气团的交替影响，属于典型的亚热带海洋性气候，年平均降雨量大致为1200毫米，雨量最多的时段是每年的5月至8月。风力通常在3至4级，清明之后主导东北风，农历五月时则转变为南风，重阳后又回归东北风，十月再转为西北风为主。受太平洋温差气流的影响，平均每年受4至5次台风的影响，而且大多集中于7月至9月。风向足以决定沿海人们商船和战船的出征时间选择，人们依据不同的汛期采取不同的行船路线以及海防战略。[①]

三、方位

历史上，厦门的行政地位一直较低，行政下辖于同安县，更上属于泉州府，《同安县志》中的记载大致概括了同安早期的行政沿革："晋太康三年（282年），析建安郡，置晋安郡……泉地属晋安。是年，析晋安地，置同安县，同安之名始此，寻省，同安复入晋安。南朝宋泰始四年（468年），改晋安郡为晋平郡。梁天监中，析晋平郡置南安郡，地兼兴漳泉，而同安亦属焉。……唐贞元十九年（803年），析南安县之西南四乡置大同场，为今同安之地。"南唐将包括同安县在内的五县设置为清源军，宋改清源军

---

① 洪卜仁：《厦门气象今昔》，厦门大学出版社2010年版，第152页。

为平海军，故同安县属平海军。宋太平兴国三年（978年），包括同安县在内的漳泉十四县被纳入宋土。元至正十五年（1355年），升泉州为泉州路，同安为其所领七县之一。明代，同安县属泉州府，总领于福建布政使司。①

洪武二十七年（1394年），厦门城始筑，移永宁卫中、左二所官兵戍守。清初，郑成功驻兵厦门，并于同安县绥德乡嘉禾里置思明州。康熙十九年（1680年），清军攻占厦门、金门后，废思明州，仍划归同安县管辖。②清代，厦门曾驻水师提督海防厅、兴泉永道。有研究认为：清廷其实已经充分认识到了厦门的重要性，没有提升厦门行政级别的主要原因是，考虑到厦门在商业和军事战略方面都十分关键，不能让人独断专权，故而采取分权制衡和互相监督的机制。清初，海防同知驻泉州城，同知署随后于1686年迁到厦门，通常被称为厦防同知。1726年以前，台厦道的衙门设在台湾，对厦门拥有管辖权。1727年，台厦道改为台湾道，兴泉道移驻厦门。③1912年，改设思明县，厦门岛脱离同安县而独立。旋升府。1913年，府废，仍曰思明县。1915年，金门设县，金门岛脱离厦门而独立。1913年，厦门市政筹备处成立，废县归市，称厦门市。此外，鼓浪屿曾于光绪二十八年（1902年）被划为"万国公地"，民国年间收归厦门市管辖。④

但是从地理上看，它更接近于漳州。俗话说，厦门是"漳头泉尾"，其对漳州的归属感更加强烈。明代月港的繁荣成为漳州走

---

① （清）万友正纂编，林学增修：民国《同安县志》卷一，页二，见《中国地方志集成·福建府县志辑》第4册，上海书店出版社2000年版，第15页。
② 厦门市地方志编纂委员会编：《厦门市志》，方志出版社2004年版，第184页。
③ （新加坡）吴振强著，詹朝霞、胡舒扬译：《厦门的兴起》，厦门大学出版社2018年版，第64—65页。
④ 厦门市地方志编纂委员会办公室整理：《厦门市志（民国）》，方志出版社1999年版，第2页。

厦门舆图。绘制于清道光四年（1824年）以前

向世界的重要标志，清代的厦门可以说全盘接受了这一遗产，且更加发扬光大。将厦门定位为 21 世纪海上丝绸之路建设的战略支点城市，正是鉴于厦门联通海丝沿线国家的深厚历史积淀。近代以来，厦门是中国东南对外贸易的窗口，是华侨出入的据点，鼓浪屿在二十世纪二三十年代更是成为闽南华侨麇集的财富之地。

厦门所在的位置也特别便利其与福建省内许多重要城市和周围农村进行贸易，泉州平原位于九龙江入海口北部，九龙江向西则进入漳州盆地，海澄、漳浦等将厦门与闽南地区连接起来，形成广阔的内陆腹地，源源不断地为厦门提供着丰富的地方特产和劳动力资源。

第二节　厦门经济的外向型特征

厦门岛曾长期处于边缘状态，渔民是这里的基本原住民，汉人的移入曾使厦门岛获得了嘉禾屿的美称。明初朱元璋让周德兴在厦门筑城主要是针对不断给明王朝带来困扰的倭寇。在 9—15 世纪，泉州曾经引领福建海上贸易的新风，15 世纪后，漳州月港勃兴，但到了 17 世纪中期以后，厦门渐渐凸显出自己的港口优势，衍变为新的海上贸易中心。

此前我们惯用由农业生产出现产品剩余，进而带动商品经济发展这一思路，分析像江南、岭南等地区的经济，但事实上厦门的崛起则首先是由贸易带动的，是外部市场的需求推动着厦门成长为一个货物中转基地。因此，厦门的经济较早便表现出外向型的特征。

人们习惯上将泉漳称为闽南地区，先是宋元时期的泉州港繁荣密切了闽南商人与阿拉伯商人间的贸易往来，接着是漳州的月港因为繁盛的海上贸易以及其连接的月港—马尼拉—墨西哥这一跨越印度洋—大西洋的环球航线而得到明隆庆皇帝的允准变得合法化。四面环海、三面为陆地包裹的厦门岛因为其避风遮浪、水深港良的优越性而越来越承担起闽南区域代言人的角色。

厦门港处于厦门湾内，港湾可区分为内外两个部分，进入厦门岛与鼓浪屿之间的通道即进入了厦门的内港。在厦门岛这一侧，分布着若干商铺和货栈，商船可在船坞停泊，厦门岛与鼓浪屿之间的宽度约为762米。从厦门港出发，通过浯屿与大担岛之间的通道后，船只便进入了厦门外港，这内港与外港之间的相对平静而开阔的海面为各类船舶提供了一个优良的锚地。1842年，一位英国海军军官说："以我所见，这（指厦门港）是我见过的中国沿海最好的港口。"

明末清初，闽南因为番薯的引入滋生出大量的人口，多山少地的闽南农村容纳不下这不断增殖的人口，便寻找到了厦门这一港口向外输出，他们成为沿海贸易和海外贸易活动的生力军。厦门港的勃兴带动了闽南地区经济作物的商品化，各类亚热带水果由厦门港走向宁波、上海乃至天津、锦州等地。茶叶、陶瓷和铁器纷纷沿着海路进入东南亚市场，茶叶、白糖等在海峡两岸进行交流，粮食的进口也在较长时间里成为贸易活动的大宗。他们先是将本地的茶叶、果品输出海外，进而向内陆延伸自己的腹地，从景德镇采买瓷器，从江南地区采买丝棉织品，有的干脆直接将瓷器作坊开到漳州沿海，也有的直接采买棉花蚕茧到漳州开设加工基地。他们从海外采购的木材、苏木、檀香乃至各种矿产，也经厦门进入国内其他地区，厦门的市场上流通着西班牙银圆、墨西哥鹰洋。闽南输出的人口或由厦门去往西班牙所属的菲律宾，或前往日本，也有的渡海赴台，厦门成了许多闽南人出入的门户和集散地。一批批贫穷的闽南农民由厦门走向海外，一批批在海外淘金赚得盆满钵满的华侨富商回到厦门，构建他们的别墅，更在于展示自己的经营成就，于是厦门的鼓浪屿成为财富汇聚地以及各国建筑风格的汇聚地，也成为当时世界上最摩登的地方。

厦门除了集中了无数有钱的闽南人，也聚集了各国商人、海关洋员和传教士乃至旅行家，因为这里中外商品齐全，各色娱乐服务具备，各种赞美厦门风景美、生活乐的文字都昭示着厦门具有较高的生活舒适度、物资满足度和较强的国际范。

从行政设置上看，厦门这个"不漳不泉"的地方既是泉漳二府的分界线，又成为两地官府的争议焦点。虽然长期以来厦门在行政上隶属于泉州府，但从海域上看，厦门地处九龙江入海口，被人们称为"漳郡之咽喉"，厦门岛民更多地把自己与漳州联系在一起。

在朝廷推行海禁政策时，很大一部分闽南沿海贫困人口通过走私活动获得了生计，即使是清廷严厉推行"禁海""迁界"政策时，厦门的走私贸易也并未停止。

明清之际的郑氏海上帝国就是以厦门为基地发展壮大乃至延续了半个世纪之久的。归顺和依附在郑氏海上帝国周围的商人们往往拥有一定的官方背景，他们投资份额大，附搭若干货物出海，包括木材、麻绳、桐油、钉子、铁具、硝石，还有大量的来自长江下游的出口丝织品等。经厦门运回不同类型的布料、红糖、藤黄、燕窝、苏木、胡椒、铅、锡、象牙、海参等，在这个意义上，厦门是国内若干海外货品的入口港。这里不仅是"洋船"的中心，而且若干外国商人的贸易船只都在厦门港停泊，如来自万丹、暹罗以及安南等地的船只。

康熙二十三年（1684年），清廷统一台湾后，取消海禁，在此设立海关及军事、民事与行政机构，厦门海外贸易迎来了新的阶段。

据统计，雍正四年（1726年）末，有21艘船由厦门出发去南洋贸易。翌年春，便有12艘船运载回11800石（约962吨）稻米，还加上燕窝、海参、苏木、胡椒和水牛皮等。

雍正五年，由厦门出发去南洋贸易的船只增加到25艘。雍正十一年，闽浙总督郝玉麟在奏折中说，每年有28～30艘帆船离开福建，其中绝大部分由厦门港出发。乾隆二十年（1755年），已有74艘帆船从南洋返回厦门。海上贸易的增长持续推进着厦门港的繁荣。

当厦门作为福建海上贸易中心的地位被确定后，雍乾间，厦门的海外贸易取得了进一步的发展，这一时期，厦门和广州都被认定为可以开展与南洋贸易的港口。但从实际运行状况来看，民间与暹罗的贸易船只更多地以厦门作为出发点。

乾隆二十二年，清廷规定西方国家来华贸易船只必须由广州入口，主要是为了便于管理，因为当时英国商船试图躲避广州港的税收，尝试从宁波入口。清廷果断地予以阻止，这一禁令似乎没有影响到厦门与南洋各国之间的贸易往来，福建地方官员甚至鼓励洋船出海从南洋国家购买更多的大米，缓解当时日益严峻的"粮荒"问题。于是，每年冬由厦门前往南洋一带的贸易船络绎不绝。

清廷对于厦门这一海防重镇的把控必须依赖这里的进出口税收，也同样需要当地百姓在正常的生计模式下安身立命。因此，清廷在行政上采取了较为灵活的措施。厦门是福建水师总部所在地，水师提督为从一品官员，负责管理全省的水师事务，监督金门、海坛和南澳三个军镇，兼及澎湖和台湾。在清前期，福建水师提督是仅次于总督的实权派人物。

厦门还因为加强海防的需要设有一名五品官——海防同知，原来海防同知被派驻泉州，可是康熙二十五年（1686年）被迁往厦门，负责管理府内的海港、征收商税、监督兵饷发放、听断地方词讼，有时也负责管理台运米粮事务。

本来海防同知所驻地可定义为厅，但清廷并没有这样安排，而是给了厦门更便于清廷直接把控的灵活空间。吴振强认为："尽管厦门具备军事和经济多重功能，并且有不同级别的官员（水师提督、海防同知还加上台厦兵备道道台），但它并没有被指定为地方政府的治所——这是政府认识到厦门作为海运中心，在商业和战略上极具重要性的结果。"①

康熙年间在全国设立四海关，福建海关设立地点曾多有争议，起初许多人认为应设在漳州，但最后结果还是设在厦门，原因也在于行政级别较低的厦门更便于朝廷直接控制。

厦门成为泉漳移民或流动人口麇集之地，编入官方户籍的人口并不见得很多，但经由厦门赴台或经商南洋者却占有很大比例。虽然他们的户籍仍在闽南周边农村，但厦门却成为他们进行海外贸易、赢取巨大商业利润的淘金地。因为厦门行政级别低，他们也不愿将他们的户籍迁来厦门。他们保留原籍，还能获得科举晋升的机会。

正因为此，厦门成为闽南人通向各种致富机遇的新途径，此前引进新作物品种、发展经济作物生产都是闽南人谋求生计改善

---

① （新加坡）吴振强著，詹朝霞、胡舒扬译：《厦门的兴起》，厦门大学出版社2018年版，第66页。

的途径。但是，海上贸易尤其是海外贸易给予的空间却更为巨大，人们在宗族凝聚的传统中，发掘出其对海外贸易的巨大推动力。凝聚宗族的纽带不仅可以是血缘的，还可以是地缘的、利益缘的，本来较具排外性的宗族在商业机会面前变得具有了相互依存性和相互包容性，联宗组织也勃然兴盛。

厦门这个通向延伸的海洋疆界最重要的门户，为闽南人在农村之外的冒险提供服务，这座城市无疑成为闽南贸易群体中的本土产物，官府较为灵活的管理设置为厦门的能动性发挥了空间，也更加有效地推动了海上贸易的扩张。由此可以说，厦门走出了一条较少行政主导或事先规划的城市发展之路。在这里，贸易是最重要的源头活水，商人成为社会的主导阶层和中坚力量，官员和绅士辅弼着商人阶层，不断拓展着厦门经济繁荣、社会和谐、人民生活祥宁的道路。

| 第一章 |

厦门早期的海上贸易

第一节 宋元时期同安青瓷的外销

一、同安青瓷的发现与"同安窑系"

明代以前,关于厦门的文献记载相对较少,现在厦门的辖区当时多以"同安"和"嘉禾屿"之名为人所知。尽管如此,厦门与海上各国的贸易联系在宋元时期已见端倪,同安青瓷的外销可视为厦门早期海外贸易开拓的重要体现之一。

1956年春,修建同安汀溪水库时,在坝头山、汀溪山、章厝山、后山等处发现了大量碎瓷片。陈万里于同年冬调查闽南古窑址时,对前两处进行了踏查,所见瓷片胎体较厚,釉色为青釉、黄釉、灰白釉,多带有篦形刻划纹。陈先生首次指出这些瓷片与日本学者所说的"珠光青瓷"十分接近,应为外销的产品。[①] 1958年3月,汀溪水库渠道工程许坑段又发现了一处窑址,采集和探掘的遗物与汀溪窑址的类似,多为青绿和灰黄色釉的刻划花瓷片,显示出宋代瓷器的风格。[②] 此后,陆续对汀溪窑进行过多次调查发掘,采集并出土了一批标本。

结合前后几次调查及发掘资料来看,同安烧制的瓷器有青瓷、青白瓷两类,其中青瓷居多。青瓷以碗为主,胎体灰白,质地较粗,釉色多为淡褐黄釉,青釉次之。器外除少数为素面外,多刻有数组直线纹,器内刻划卷草纹并间以篦点纹饰,有些还在碗心印有小鹿或刻划简单的花草。青白瓷则以碗和洗为多,比青瓷相对精致。同安的这些青瓷产品之所以被日本学者称为"珠光青瓷",是因为日本"茶汤之祖"村田珠光喜欢用这类青瓷碗饮茶。日本的镰仓海岸和唐津山麓遗址中都曾发现不少"珠光青瓷",其他如太宰府附近、福冈湾底以及福山革户庄等地的镰仓时代(相当于南宋)的遗址中,也都有出土,说明这类青瓷在南宋时期就已大量运销到日本。同安窑址中的青白瓷虽然不是其主要产品,但也为我们判断窑场的兴烧年代提供了一定参考。较为直接的证据是20世纪90年代初,厦门市区发现的一座宋代砖室墓内出土的一件青白釉莲瓣纹瓷钵,是同安汀溪窑典型器之一,墓志铭文显示此墓合葬于宝祐元年(1253年)。[③] 该墓的发现表明,至迟在南宋,同安的窑场已烧造成熟的产品。同安窑青瓷多见于海外的

---

① 陈万里:《调查闽南古代窑址小记》,《文物参考资料》1957年第9期,第56—59页。

② 黄汉杰:《福建省最近发现的古代窑址》之《同安宋代窑址》,《文物》1959年第6期,第62—64页。

③ 郑东、周翠蓉:《福建厦门发现宋代纪年墓》,《南方文物》2000年第2期,第6—8页。

汀溪窑刻划花青瓷碗。1998年采集，现藏于厦门市博物馆

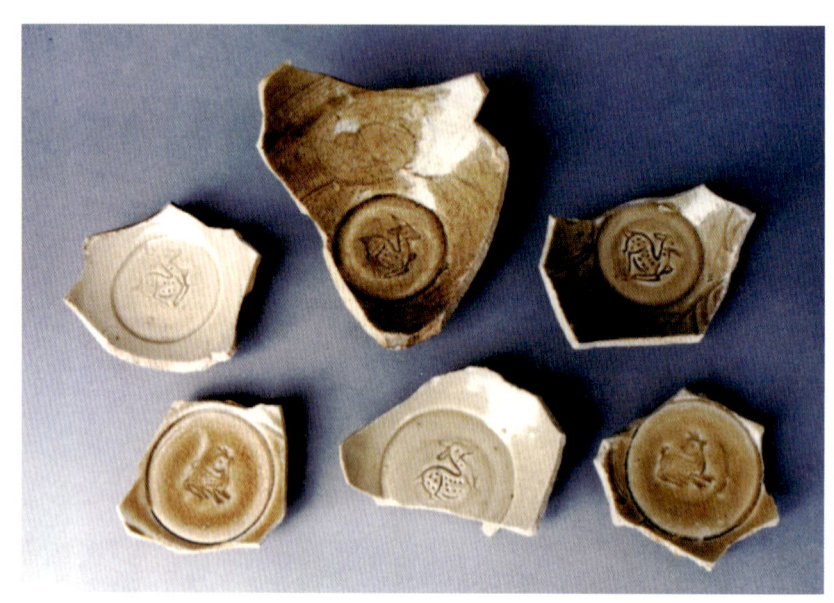

装饰有鹿纹的汀溪窑青瓷碗。2002年出土，现藏于厦门市博物馆

遗址和收藏，而在国内较少见于窑址以外的考古遗址，也从侧面印证了其外销瓷的性质。

随着考古资料的丰富，学界对同安窑青瓷的认识不断深化。1956年，陈万里在福建调查窑址时曾提出将福建仿制龙泉窑的青瓷称为"土龙泉"，庄为玑在此基础上进一步梳理了宋元时期福建

"土龙泉"与龙泉窑青瓷的关系和区别,并谈到同安汀溪窑是专烧这类"土龙泉"的窑址之一。① 除同安以外,闽南的安溪、南安,闽东的闽侯、连江,闽北的松溪、浦城等15个县市发现共计25处生产这类青瓷的窑址,研究者们由此提出了"同安窑系青瓷"的概念:"宋元时代,受龙泉窑传统工艺技术的影响,在福建地区烧制的,同安窑为代表的,具有地方特色的青瓷。"② 这个概念逐渐取代了"珠光青瓷"和"土龙泉"的叫法,因为它更明确地指出了这类青瓷的产地在福建,且以同安汀溪窑产品为代表。

二、同安青瓷的生产与运销

瓷器的生产离不开燃料和原料,厦门的自然地理环境为宋元时期同安青瓷的生产提供了保障。厦门位于福建东南沿海,北靠戴云山,东临台湾海峡,地势由西北向东南倾斜,大部分是山区向滨海过渡的地带,以丘陵为主,同安依山傍海,东、西、北三面的山脉群峰多属中低山。丘陵地带茂盛的草木为烧窑提供了充足的燃料,低山的和缓地势便于建造窑炉和作坊。汀溪、西源溪、茂林溪、西溪、东溪等众多河流则是陶瓷生产的水源供给且便于交通运输的条件。瓷土原料方面,厦门恰好处于高岭土矿产资源蕴藏带,同安的高岭土矿床质量好、储量大、分布广,汀溪窑的青瓷就是用本地瓷土生产的。③ 正是在这样的背景下,同安青瓷的烧造成为可能。

---

① 庄为玑:《浙江的龙泉与福建的"土龙泉"》,载中国考古学会编:《中国考古学会第三次年会论文集1981》,文物出版社1984年版,第177—181页。
② 林忠干、张文崟:《同安窑系青瓷的初步研究》,《东南文化》1990年第5期,第391—397页。
③ 陈聪辉主编:《厦门经济特区辞典》,人民出版社1996年版,第10—16页。

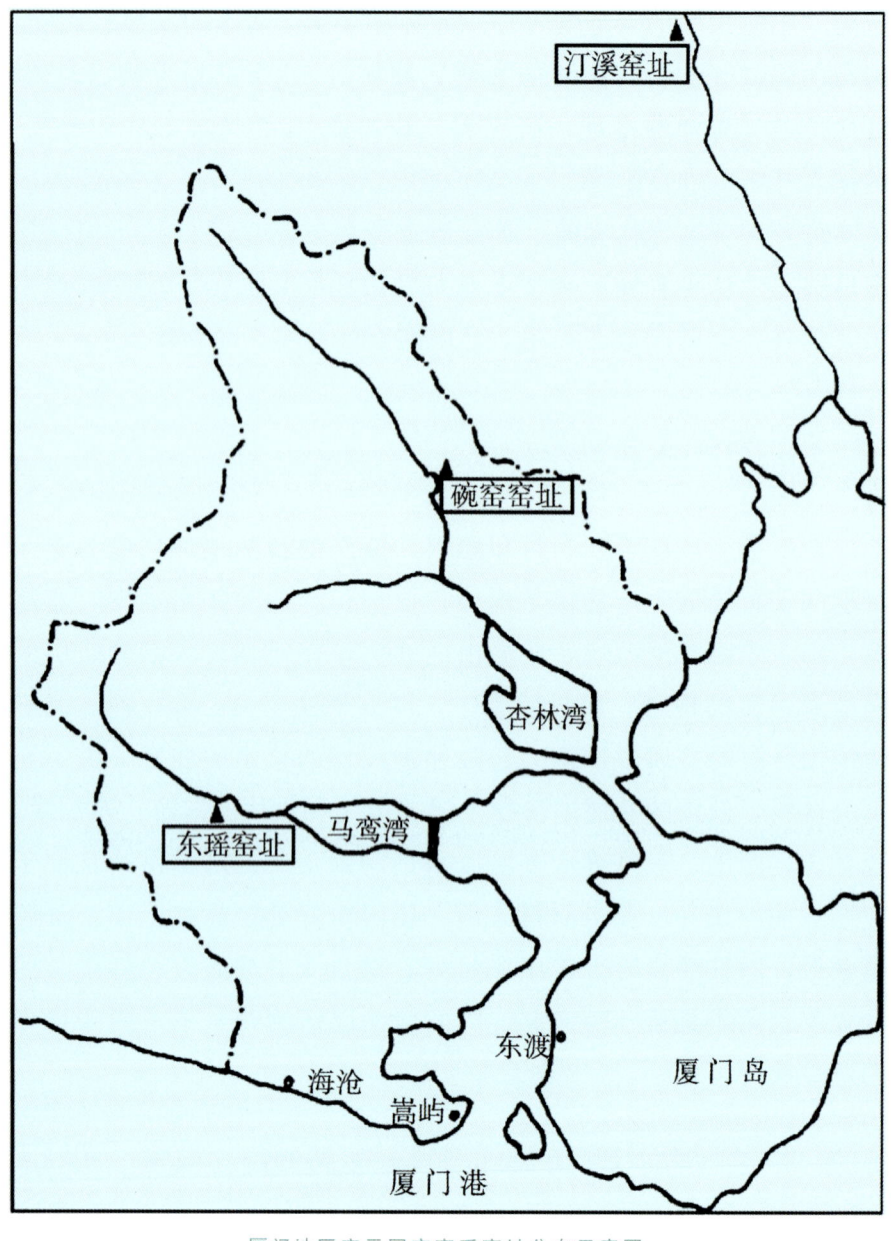

厦门地区宋元同安窑系窑址分布示意图

之前的历次调查和2002年初局部发掘的资料显示，同安汀溪窑是一处包括多个窑址的大窑场，已经发现烧窑遗物堆积11处，龙窑窑炉遗迹8处，分布面积超过4万平方米，遗物堆积最厚处达5米，已经发掘的两座窑炉残长均超过50米，宽2.5～2.6米，延烧宋元两代，青瓷产品占总数的80％。制作工艺上，汀溪窑的青瓷胎骨较厚，不算精细，装饰手法更趋简洁，所耗工本较其模仿对象龙泉青瓷来得少，器物外壁的下半部及底部大多无釉露胎，使得装烧时不易与垫饼粘连，在一定程度上提高了成品率。所有这些因素，都促成了同安青瓷的规模化生产。除同安汀溪窑以外，厦门地区的海沧东瑶窑和集美碗窑亦属同安窑系，都曾于宋元时期生产刻划卷草梳篦纹的青瓷产品并输往海外。[1] 同安等地所产的青瓷作为承载着中国文化的商品及手工艺品，连接起了早期厦门与域外之地的海上丝绸之路，是厦门参与海外贸易尚处于萌芽阶段的鲜明例证。

宋元年间，以汀溪窑为代表的同安窑系青瓷兴烧于旧称"同安"的厦门及其周边地区，与厦门优越的地理位置密切相关。瓷器从窑场运到港口再装船运销海外的过程中，便利的交通运输条件是根本保障。现存最早的同安地方志书是清康熙年间所修的《大同志》，其中《海道潮汐》一节记载："同安滨海，总东、西二溪之水，东行五十里而趋于大海……凡浙、粤、漳、泉泛舶往来者，莫不待潮而入于溪云。"《规制志·城池》中谈到同安城始筑于宋绍兴十五年（1145年），则更为明确地指出同安"绾结泉漳州，襟带大海，盖舟车水陆之辏也"。[2] 同安于宋代筑城不是偶然

---

[1] 陈娟英：《中国福建古陶瓷标本大系：厦门窑》，福建美术出版社2005年版，第18—19、29、36页。

[2] （清）朱奇珍修：《大同志（点校本）：清康熙·同安县志》，海峡书局2018年版，第22—24页。

的，应该与当时蓬勃发展的海上贸易有关，尤其与泉州港日趋繁盛的海外贸易关系密切。发现于后渚港的宋代海船出土的刻划云气纹、梳篦纹、直线纹的青釉碗，明显具有同安窑系青瓷的特征。① 有理由相信，宋元时期的部分同安青瓷正是通过泉州销往海外。在同安河流众多、具备便捷水运的基础上，宋人还修建桥梁，进一步加强了与泉、漳两地的联系，以便商人运载同安青瓷等货物出港赴海。比如，"太师桥（又名东桥）出东门外五十步许，跨东溪"，建于宋初并曾重修，又有"第一桥、第二桥、第三桥在城东五里许，皆一溪透迤以达于东桥赴海"。② 再如，距离同安城东南十里多，位于同禾里的"黄昴渡桥"，"宋元符中建，凡一百五十二间……淳熙中，又增六十间"，"以便泉、漳来往便捷"。③ 尽管宋元时期尚未有"厦门"之名，但厦门岛已作为同安所辖乡都之中的"嘉禾里"载入志书，"嘉禾里"之名甚至早就出现在唐代陈元通墓志铭中，该墓葬内还发现了唐五代时期作为外销瓷大量输出的长沙窑瓷器。④ 再结合厦门地区发现唐宋及元代墓葬的情况（表1-1）⑤，可以看出厦门岛在明代以前已经得到一定程度的开发。

---

① 福建省泉州海外交通史博物馆编：《泉州湾宋代海船发掘与研究》，海洋出版社1987年版，第36—39页。
② （清）朱奇珍修：《大同志（点校本）：清康熙·同安县志》，海峡书局2018年版，第32页。
③ （明）黄仲昭：《八闽通志（修订本）》上册，福建人民出版社2006年版，第496页。
④ 靳维柏：《厦门历史文物精粹》，厦门大学出版社2016年版，第22—23、35—37页。
⑤ 郑东：《厦门市古墓葬考古综论》，《南方文物》2002年第3期，第22—31页。

表1.1　厦门地区发现的唐代至元代墓葬概况表

墓葬名称	年代	地点	出土遗物
薛瑜墓	晚唐	湖里区县后村	墓碑、花纹墓砖、银器、瓷罐、铜镜、铁器、石砚、陶俑等
不详	唐	厦门本岛	瓷罐、盏托、虎子、镰斗、五盅盘、灯等
陈元通夫妇墓	唐	湖里区	石质墓志铭、陶瓷、银器、铜镜、铜钱等
王德华墓	宋淳祐八年（1248年）	吕厝	青釉盖罐
林氏合葬墓	宋宝祐元年（1253年）	莲花新村二期工地	石质墓志铭及青瓷钵、铜镜
叶丰叔墓	元至正二十二年（1362年）	莲坂	买地券砖

注：表格资料整理自《厦门市古墓葬考古综论》《厦门历史文物精粹》。

同安汀溪窑的青瓷之所以在发现时被判断为具有外销性质，最早还是因其与日本学者著述中的"珠光青瓷"相似，所以有必要梳理一下二者间的关系，从而讨论同安窑系青瓷运销日本的情形。

"珠光青瓷"一词源于日本，但究竟出现于何时何处，并无直接的文献记载，只是日本在18世纪以前把这种青瓷叫"珠光茶碗"，以后便叫珠光青瓷了。16世纪后半叶的茶会记《天王寺屋会记》和《松屋会记》对"珠光茶碗"有相关记录。16世纪末完成的茶道秘传书《山上宗二记》介绍的诸多茶具中也包括珠光茶碗，谈到珠光茶碗是中国制造的，最初为茶道家千宗易所有，后来以一千贯的价格卖给了三好实休。[①] 日本"茶汤之祖"村田珠

---

① （日）稻垣正宏、新保辰夫、丰田裕章译：《两种珠光茶碗》，《海交史研究》1997年第1期，第110—113页。注：千宗易即"千休利"，他在继承的基础上进一步改良，使草庵茶继续深化，将茶道还原到淡泊寻常的本来面目。

光（1422—1502）是草庵茶道创始人，活跃于室町时代，他倡导的禅宗系草庵茶尊崇自然、朴素。同安窑系青瓷或许就是因为它朴实、素雅的风格与之不谋而合，受到村田珠光的喜爱而成为所谓"珠光茶碗"。需要注意的是，同安窑系青瓷的烧造是在宋元时期，但珠光生活的年代明显晚于此。也就是说，尽管同安窑系青瓷在日本流传至15—16世纪时因村田珠光而享负"珠光茶碗"之名，与茶道息息相关，受到时人青睐，但这类瓷器在宋元年间运销日本和村田珠光并没有什么联系。

此外，也有学者注意到，福州屏山（历史上这一带寺院众多，有乾元寺、天宫寺、藏院等）的考古工地中曾出土过一些所谓"珠光青瓷"的仿龙泉青瓷碗，其中几件碗底墨书有"茶""茶头"字样，福清少林院遗址出土的一件青瓷碗底则墨书有"饭头"二字，说明这类同安窑系青瓷中的碗类器物过去或许用作茶碗或饭碗，也可能和寺院内掌管饮茶等事务的僧侣有关。[①] 考虑到宋元时期福州在对日贸易中的地位，部分同安窑系青瓷应该是通过福州向日本输出的。这类器物出现在寺院遗址，并且村田珠光本身也是僧人，可以推测宋元同安窑系青瓷向日本的输出乃至后来的流传，应与佛教文化及饮茶风俗向日本的传播有一定关联。

三、同安青瓷的外销市场

同安青瓷本身不属于龙泉青瓷的体系，但作为一种仿龙泉青瓷的产品，其成品在造型、釉色、装饰等方面所呈现出的审美取

---

① 张勇：《福州地区发现的宋元墨》，《福建文博》1998年第1期，第65—68页。栗建安：《福建仿龙泉青瓷的几个问题》，载浙江省博物馆编：《东方博物（第三辑）》，杭州大学出版社1999年版，第79—83页。

向，无疑与龙泉青瓷有着密不可分的联系，其外销市场也与龙泉青瓷存在一定重合。由于产品面貌的相似性，目前学界对窑址以外发现的同安窑系青瓷尚不能作完全准确的区分并判定其具体窑口，只能推断大致产区（如闽南、闽北、闽东），故讨论同安青瓷的外销市场时，笔者将讨论的对象放宽到同安窑系青瓷，但着重于闽南地区的产品。

在讨论同安青瓷的外销市场之前，有必要了解一下宋元时期龙泉青瓷的外销情况。龙泉窑的瓷器在当时的文献中多称作"处州磁"。如元人汪大渊的《岛夷志略》记载，琉球"贸易之货，用……处州磁器"，无枝拔"贸易之货，用……青白处州磁器"，麻里鲁"贸易之货，用……处州磁"。[①] 如果说文献记录相对有限，当时的地名对今人来说陌生而遥远的话，各地的考古发现则为我们展现了龙泉青瓷于宋元时期畅销海外的生动图景。日本、朝鲜、菲律宾、阿富汗、巴基斯坦、印度、斯里兰卡、波斯湾沿岸、非洲的考古遗址中都有龙泉青瓷出土。[②] 可以看出，从东亚到东南亚和西亚，乃至非洲，龙泉青瓷有着相当广阔的销售市场。正是在这一背景下，以同安青瓷为代表的仿龙泉青瓷才有可能向外输出。仿龙泉青瓷的制作相对粗糙，工本较低且产量更高，售价应比龙泉青瓷低廉，海外市场对龙泉青瓷有着巨大需求，仿龙泉青瓷在一定程度上充当了龙泉青瓷的替代品，甚至由此进一步拓宽了宋元时期南方青瓷在海外的销路。

《岛夷志略》记载，日丽"贸易之货，用青磁器……粗碗……之属"，遐来勿"贸易之货，用……青器、粗碗之属"，淡邈"货

---

① （元）汪大渊著，苏继庼校释：《岛夷志略校释》，中华书局1981年版，第17、38、89页。

② 刘晓斌：《宋元龙泉青瓷外销探析》，《江西文物》1991年第4期，第114—117页。

用……粗碗、青器……之属",啸喷"货用……磁器……瓦瓮、粗碗之属",蒲奔"贸易之货,用青瓷器、粗碗……之属",灵山"贸易之货,用粗碗……之属",淡洋"贸易之货,用……粗碗之属"。① 不同于一些国家以"处州磁"为货贸易,海外诸国中,日丽、遐来勿、淡邈、啸喷、蒲奔、灵山、淡洋等地贸易所用的陶瓷是"粗碗""青器""青磁器",并非龙泉窑的"处州磁器",而是其他窑场生产的相对粗糙的产品,其中很可能就包括来自同安等地的仿龙泉青瓷。

从同安窑系青瓷在世界各地的考古发现情况看,数量较多且较为集中的两个区域是日本和东南亚。在日本的遗址中,宋元时期仿龙泉青瓷的同安窑系青瓷往往与南宋龙泉青瓷共出。② 但除了镰仓是龙泉青瓷多于仿龙泉青瓷以外,其他地点出土的多半是胎体较厚、制作粗糙、色彩暗淡的产品。③ 也就是说,同安窑系青瓷占有相当大的比例。比如同为镰仓时代的唐津山麓遗址,同安窑系青瓷出土最多,而且有许多较完整的器物。④ 在东南亚,沉没于印度尼西亚中爪哇海域的惹巴拉沉船(JeparaWreck)为我们提供了更为生动的例证。船上除了载有龙泉青瓷外,还有宋代中晚期的德化和同安窑瓷器,以及景德镇青白瓷。该船可能是从泉州出发,沉没年代大致在 12 世纪,航行的目的地为惹巴拉(Jepara)、图班(Tuban)或者东爪哇的格雷西(Gresik)。⑤ 从东

---

① (元)汪大渊著,苏继顾校释:《岛夷志略校释》,中华书局 1981 年版,第 86、93、133、146、199—200、223、237—238 页。

② 栗建安:《福建仿龙泉青瓷的几个问题》,载浙江省博物馆编:《东方博物(第三辑)》,杭州大学出版社 1999 年版,第 79—83 页。

③ 刘晓斌:《宋元龙泉青瓷外销探析》,《江西文物》1991 年第 4 期,第 114—117 页。

④ 李辉柄:《福建省同安窑调查纪略》,《文物》1974 年第 11 期,第 80—84 页。

⑤ 项坤鹏:《浅析东南亚地区出土(水)的龙泉青瓷——遗址概况、分期及相关问题分析》,《东南文化》2012 年第 2 期,第 86 页。

南亚陆地遗址的出土资料来看，日本学者统计认为，福建瓷器自12世纪后半叶起流行于东南亚岛屿，其中13世纪晚期到14世纪期间的多数瓷器来自泉州及其周边地区。[①] 同安旧属泉州，同安窑作为闽南地区生产同安窑系青瓷的重要窑口之一，其产品通过海上贸易与其他中国陶瓷一起销往日本、东南亚等地，也就不足为奇。

从更大范围进行考察的话，波斯湾地区和东非沿岸遗址的宋元时期瓷片中，龙泉青瓷占比例极大，比如埃及福斯塔特（Fustat）遗址12世纪晚期至14世纪中期的地层中，浙江或龙泉瓷器占到60%以上，有学者甚至认为该遗址出土的12—14世纪青瓷片都是龙泉青瓷；福建地区的仿龙泉产品虽然也有发现，但数量非常有限，以肯尼亚格迪（Gedi）古城发现中国瓷器的情况为例，元代福建窑口的瓷片（包括青白瓷、白瓷、青瓷）只占中国该时段瓷片数的10.38%。[②] 综上可见，离中国较近的东亚和东南亚是宋元时期同安窑系青瓷的最大外销市场，这些仿龙泉的青瓷产品在当地的数量超过龙泉青瓷，但在离中国较远的西亚和非洲地区，品质较高的龙泉青瓷在数量上占明显优势。

二者的分布比例不均在很大程度上取决于海上贸易的突出特点，即高风险和高成本。苏基朗认为，奢侈品的海外贸易通常是由当地权贵进行的，贸易品数额不必多，便能获得丰厚的利润，且市场容易预测；但质量一般、价格低廉的商品，因其投资回报率较低，贸易者们不得不通过增加贸易额的方式来追

[①] Yoji Aoyagi, *Trade Ceramics Discovered in Southeast Asia*，载《中国与海上丝绸之路：联合国教科文组织海上丝绸之路综合考察泉州国际学术讨论会（1991.2.17—20）论文集（续集）》，福建人民出版社1994年版，第123—136页。

[②] 刘净贤：《福建仿龙泉青瓷及其外销状况初探》，《故宫博物院院刊》2013年第5期，第50—56页。

求利润。① 该观点对于解释同安窑系青瓷的外销市场与龙泉青瓷为何不同也是适用的。以同安青瓷为代表的仿龙泉产品制作草率，质量不如龙泉青瓷，单位价值低，利润空间小，必须通过大规模外销的方式来增加贸易额，而往返邻近的东亚和东南亚市场的航程较短，航行周期就不会像远洋去西亚和非洲那么长。比如，据《岭外代答》记载，"中国舶商欲往大食……往返经二年矣"，而地处东南亚的三佛齐、阇婆"之入中国，一岁可以往返"②，所以相对来说，到东亚和东南亚地区进行交易的成本就比较低。同安窑系青瓷凭借就近批量外销的手段在东亚和东南亚市场替代并占据了大部分原本由龙泉青瓷掌控的份额。由此，日本、菲律宾、印度尼西亚等地成为宋元时期同安窑系青瓷最重要的外销市场。

第二节　明中后期厦门官私力量冒禁涉海贸易

　　明朝初期实行严厉的海禁政策，厦门官私力量经过长期博弈，终于在明朝中后期冲破重重束缚，形成一股不可逆的海上力量。

　　明洪武四年（1371年），朱元璋颁布了"片甲不得下海"的海禁政策。其后颁行的《大明律》规定："凡将马、牛、军需、铁货、铜钱……私出外境货卖及下海者，杖一百……若将人口、军器出境及下海者，绞。因而走泄事情者，斩。"③ 成祖登基之后，

---

① 苏基朗著，叶妮雅译：《宋元时期闽南海外贸易中的商业活动》，《海交史研究》2004年第2期，第93—99页。
② （宋）周去非著，杨武泉校注：《岭外代答校注》，中华书局1999年版，第91、126页。
③ 厦门港史志编纂委员会：《厦门港志》，人民交通出版社1994年版。

延续洪武禁治，下令："禁民间海船，原有海船者，悉改为平头船。所在有司，防其出入。"① 明初的海禁政策在一定程度上维护了海疆的稳定，减少了倭寇的骚扰，但也阻碍了海上贸易的发展。

与明初的海禁政策相配合的，是官方控制的朝贡贸易。由市舶司统一收购贡使附载的货物，朝贡贸易成为中外贸易唯一合法的渠道。这种垄断式贸易极大限制了以海为生的厦门人民的生计，因此厦门人民冲破重重阻碍，冒禁与朝贡商人进行私人贸易。鉴于此，洪武八年（1375年），朝廷下谕禁止贡使团与民交易："占城等三年一朝贡，以贡使挈行，商多诈，阻遏之。"洪武二十七年，又命"严禁私下诸番互市者。帝以海外诸夷多诈，绝其往来，唯琉球、真腊、暹罗许入贡。而沿海之人往往私下诸番贸易香货，因诱蛮夷为盗，命礼部严禁绝之。敢有私下诸番互市者，必置之重法。凡番香、香货俱不许贩卖"。② 由此可见，附庸于朝贡贸易之上的厦门民间贸易屡禁不止，逐渐冲破官方的限制迅速兴起。

面对日益蓬勃的厦门私人海上贸易，明廷不会坐视不管。自宣德至正德年间，不断出台政策申明海禁。宣德八年（1433年），"命严禁私通番国之禁，八月复敕漳州卫指挥同知石宣等严通番之禁"。正统十四年（1449年），"命申濒海居民私通外国之禁。福建巡海佥事董应轸贸易番物泄露事情及引海贼劫掠边地者，正纪极刑。家人戍边，知情故纵者罪同。比年民往往嗜利忘禁，复命申明禁之"。景泰三年（1452年），"命刑部出榜，禁约福建沿海

---

① 《明太宗实录》卷二七，第4页。
② （清）陈寿祺等撰：《福建通志》（十），同治十年重刊本，华文书局股份有限公司1968年版，第5127页。

居民，毋得收贩中国货物置造军器，驾海交通琉球国招引为寇"。正德三年（1508年），"命各夷进贡，毋得入境市物，其以物售之者，治以重罪"。但其间，厦门商民"往往嗜利忘禁"，走私活动不断。①

到嘉靖时期，厦门私人海上活动规模更加庞大。嘉靖二十六年（1547年），有"佛郎机船"载货泊于浯屿，厦门附近漳泉商民争相与之贸易。巡海道柯乔发兵攻之，但贩者不止，总督朱纨严禁之，"尝获通番九十余人，悉斩之"，"又见浯屿水寨偏安厦门，乃于浯洲、料罗特设战船二十余只，委官哨守地方，赖以无事"，商民怨声载道，"大家不利，连为蜚语中之"②，然厦门商民"自是络绎通倭"。嘉靖三十一年四月，倭舶数千只乘风突至，停泊于晋南之白沙头屿，漳泉商民前去贸易丝货等。朝廷认为长此以往，则"诈复其直者，遂生嫌隙而倭患萌矣"③。嘉靖三十四年，倭寇五十三人劫掠三省近三月，死伤官兵四千余人，震惊朝野，海禁日严。"闽在嘉靖之季，受倭毒至惨，推其祸始，乃由闽浙沿海奸民与倭为市，而闽浙大姓沿其利，阴为主持，当时抚臣朱纨欲绝祸，本严海禁"④。但此时厦门海上贸易规模之大、人数之多、范围之广，明廷已经无力禁止。嘉靖三十九年，仍有日本船只泊于海沧，"日本原无商舶，乃西洋原贡诸夷载货泊广东之私澳，官税而贸易之，继而欲避抽税省陆运，福人导之，改泊海沧、

---

① （清）陈寿祺等撰：《福建通志》（十），同治十年重刊本，华文书局股份有限公司1968年版，第5127页。
② （清）陈寿祺等撰：《福建通志》（四），同治十年重刊本，华文书局股份有限公司1968年版，第1743页。
③ （清）朱奇珍修，叶心朝、张金友纂：《（康熙）同安县志》，《福建师范大学图书馆藏稀见方志丛刊》第10册，国家图书馆出版社2008年版，第303—316页。
④ （清）陈寿祺等撰：《福建通志》（四），同治十年重刊本，华文书局股份有限公司1968年版，第1743页。

月港……每岁夏来冬去，岂可与贡舶相混乎？"① 同安县文人蔡献臣曾感慨厦门私人海上贸易之盛况：

> 嘉靖之倭乱，人以为自通倭始。故自朱秋崖开府以来，禁之甚严。而吕宋诸夷之贩，则官为之给引置榷，亦开一面之网，非得已也。然向惟漳民为盛，而同之积善、嘉禾邻于漳者，亦时往，今则自邑治以迄海滨，倾资借贷，而贩者比比。其所挟则苏杭之币、美好之需、百物杂记，无所不有，甚至作优人以悦异类。即一舟之中，亦笼鸡数千头而去，皆前此未有也。彼之银钱日来，而吾之用物几尽矣。且借过洋贩浙之名，而私通倭奴者，若履平地焉。守汛官兵，啖其赂而卫送出海者，闻亦有之。商夷虽不可遽罢，而海上勾倭之禁庸可弛乎？②

厦门以邻漳州之便利，加入到漳州海商的贸易活动之中，通过货币中介，交易各地物品，时常通过贿赂手段买通守备官兵，开拓着海上贸易的通道。

隆庆开海，厦门民间贸易进入新的阶段。隆庆元年（1567年），福建巡抚都御史涂泽民请开海禁，"贩东西二洋，发舶在南诏之梅岭，后以盗贼梗阻改道海澄"，打破了明初以来的禁海政策，厦门商民私人海上贸易取得了合法地位。万历三年（1575年），福建巡抚刘尧诲奏请海舶征税以充军饷，分水饷、陆饷、加增饷三种。初税仅6000两，至万历二十一年增至29000有奇，可见当时海上贸易之盛。后因泉州府兵饷匮乏，漳泉道奏议"分漳

---

① （清）陈寿祺等撰：《福建通志》（十），同治十年重刊本，华文书局股份有限公司1968年版，第5128页。

② （明）蔡献臣：《清白堂稿》（上）卷八《同安志》，金门县政府1999年版，第654—655页。

贩西洋，泉贩东洋"①，并于中左所（厦门）设官抽饷，漳州郡守力言不可，乃罢。但这种开海仅是部分开放海禁，朝廷仍有诸多限制。由此，仍有部分厦门民众冒禁通倭或接济海盗。明代诗文作家董应举曾在《崇相集·严海禁疏》中提及这两种情况：

> 闽在嘉靖之季，受倭毒至惨……去今未五十年，民又生心，相率与倭为市……即臣闻诸乡人向时福郡无敢通番者，即有之，阴从漳泉附船不敢使人知，乃从福兴界中开洋，不五日直抵倭之支岛，如履平地。岁以夏出，以秋尽归，倭浮其值以售吾货，且当吾船倍售之……

> 郑芝龙之初起也，不过数十船耳，至丙寅而一百二十只，丁卯遂至七百，今并诸种贼计之，船且千矣，若曰禁接济以绝贼饷道，饷道绝矣。何以一年而贼加十倍乎？岂非驱吾民以与之耶？②

厦门官员中亦有违规涉海贸易者。主要有两种方式，一是亲自参与贸易。如永乐年间，福建兴化指挥李兴、李春私自遣人出海行贾，"苟不禁戒，则人皆惑利而陷于刑宪矣。尔其遣人谕之。有犯者论如律"③。二是受贿。海商或海盗以贿赂之，兵役乃至上层皆被其买通，其出洋贸易或被捕时则不予追究。"闽、浙洋匪之兴，由来久矣，地方文武衙门兵役捕之力，匪即以贿赂之，兵役贪者遂与之通，年有规例，故犯而不校。初间有约内地民人为内应，而受之者谓之吃海俸，其心叵测不可知。及兵通而千把通，及役通而县以上衙门亦通"④。

---

① 林学增等修：《福建省同安县志》，成文出版社1967年版，第583—585页。

② （清）陈寿祺等撰：《福建通志》（四），同治十年重刊本，华文书局股份有限公司1968年版，第1742—1743页。

③ 《明太祖实录》卷七〇，第1307页。

④ （清）陈焯：《归云室见闻杂记》卷上。邓之诚：《中华二千年史》卷五（明清中）第一分册，东方出版社2013年版，第290页。

至于厦门官民为何冒禁涉海，原因有二。第一，厦门山多田少，民众米粮全赖外地输入。督司戴冲霄进行了透彻的分析："若福建漳泉等处多山少田，平日仰给全赖广东惠州之米，海禁严急，潮商不通，米价即贵矣，民何以存活乎？"他的言论被收录于嘉靖四十一年（1562年）成书的《筹海图编》中。董应举亦在《崇相集·严海禁疏》中云："福建上府多山，而沿海郡邑田多碱而少收，故上仰粟于上府，南仰粤，北仰温台，从来如此。漳泉近粤，故专资粤粟聚于洪塘，温台粟聚于沙埕。……不知商家逐厚利不吝重费百计营出，或贿委官或求分上批准……"① 可见生存需求是厦门民众冒险出洋贸易的最原始动力。就如此状况，戴冲霄亦提出了独到见解。

> 莫若因其势而利导之，督抚海道衙门令漳泉巨室有船只者，官为编号，富者与之保结，许其出洋，南哨至广东，北哨浙江装载货物，纳税自卖，督之以将官，限之以信地，交牌报验其回也。南则许贩惠潮之米，北则许贩福宁温台之米，但不许至外国及载番货，今也海禁太严，见船载海有兵器火器者，不问是否番货即捕治之，米谷鱼盐之类，一切严禁。据其迹虽似犯禁，论其情海船往来非带兵器无以防海寇之劫夺，不有可原者乎？②

第二，厦门民众的趋利习性。为了追逐财富，与政府对抗。崇祯十二年（1639年），给事中傅元初上奏疏："海者，闽人之田。海禁一严，无所得食，则转掠海滨，为害尤酷，海滨之民唯

---

① （清）陈寿祺等撰：《福建通志》（四），同治十年重刊本，华文书局股份有限公司1968年版，第1741—1744页。

② （清）陈寿祺等撰：《福建通志》（四），同治十年重刊本，华文书局股份有限公司1968年版，第1744页。

利是视，走死地如鹜，往往至岛外区脱之地，与红毛番为市，而吕宋佛郎机之夷见我禁海，亦时时私至鸡笼、淡水之地，与奸民阑出者为市。有禁洋之名，未有禁洋之实也。"①

第三节　郑氏集团的滋长与壮大

明末清初，随着私人海上贸易的发展，厦门逐渐由一个军事要地转变为商业港口，商业功能日益凸显，逐渐成为东南沿海对外贸易的枢纽之一。而厦门这种地位的转换，与郑氏集团的苦心经营密不可分。

郑芝龙奠定了郑氏集团在东南海域的主导地位。郑芝龙18岁即前往广东投奔在牙行做商人的舅父黄程，在与葡萄牙人做生意过程中学会了葡萄牙语。后经舅父推荐，东渡日本，在李旦手下开始与日本贸易。天启四年（1624年），郑芝龙到台湾，组织开发台湾的事业。次年，李旦去世，所有事业由郑芝龙继承。天启六年，郑芝龙首次进攻福建沿海各地，包括厦门。"芝龙六年泊于漳州之白镇与官军战胜，遂去中左所。督师咨皋与战败，又佚之，中左所人开门纳之。"② 郑芝龙遂入据厦门。随着郑芝龙势力不断扩张，明廷决定招抚。郑芝龙被招抚后，之前依附于他的海盗势力纷纷自立山头。但厦门人民却仍支持郑芝龙，同安县刘五店等

---

①　（清）陈寿祺等撰：《福建通志》（四），同治十年重刊本，华文书局股份有限公司1968年版，第1743页。

②　林学增等修：《福建省同安县志》，成文出版社1967年版，第79—84页。

处的村民，自发组织船只50艘配合郑芝龙作战并组织渔兵6000多人参加郑芝龙剿灭李魁奇的海战，皆获成功。郑芝龙借助朝廷之力肃清了洋面上的其他海盗集团，为其建立海上王国奠定了基础。1633年7月12日，荷兰舰队偷袭厦门港。突如其来的打击，使郑芝龙损失惨重，在一再向荷兰人求和无果的情况下，郑芝龙组织官方军事力量和福建地方民众奋起反击，最终取得大胜，荷兰人退出福建沿海。通过与官府对抗、打击海盗、驱逐荷兰，郑芝龙开通了贸易航路，畅通了海上贸易，为海上商业资本扫清了障碍，有利于厦门海上丝绸之路的延伸与扩展。

郑芝龙时代，日本就是其主要的贸易对象，主要经营生丝、丝织品、砂糖和鹿皮等生意。而且郑芝龙凭借早年与外商打交道的经历，一直与荷兰、葡萄牙等国家保持着良好贸易伙伴关系。郑氏海商集团在郑芝龙的苦心开拓下，商业资本不断积累，海上势力不断滋长，为日后郑成功打造海上帝国奠定了基础。

郑成功时代，郑氏海商集团走向鼎盛。顺治七年（1650年）秋，郑成功并郑联、郑彩，占据金、厦，以厦门为基地广泛开展东西洋贸易。通事冯澄世建议："方今粮饷充足，铅铜广多，莫如日本，故日本每垂涎中国……与之通好，彼必之……且借彼地彼粮，以济吾用，然后下贩吕宋、暹罗、交趾等国，源源不断。"①郑成功采纳之，并提出了"通洋裕国"的策略。在此思想的指导下，郑成功成立了"五商十行"。"成功山、海两路各设五大商，行财利，党羽多至五六十人。泉州之曾定老、伍乞娘、龚孙观、龚妹娘等为五商领袖"②。"至国姓爷在思明时，任以户官之职，

---

① （清）江日昇：《台湾外纪》卷三，文化图书公司1972年版，第101—102页。
② 《明清史料》己编第6册，中华书局1987年版，第575—582页。

及兼管仁义礼智信五行,并管杭州金木水火土五行"①。即在京师、苏杭、山东等地,设立"金木水火土"山路五商,负责采购当地生丝、瓷器、中药材等土货。当地民众暗与交通,积极提供货源。

郑成功盘踞海缴有年,以波涛为巢穴,无田土物力可以资生,一切需用粮米、铁木、物料,皆系陆地所产,若无奸民交通商贩,潜为资助,则逆贼坐困可待。向因滨海各处奸民商贩,暗与交通,互相贸易,将内地各项物料,供送逆贼……近闻海贼郑成功部下洪姓贼徒,身附逆贼,于福建沙城等处滨海地方立有贸易生理,内地商民作奸射利,与为互市,凡杉桅、桐油、铁器、硝黄、湖丝、绸绫、粮米一切应用之物,俱咨行贩卖,供送海逆。

郑成功将山路五商收购来的土货运往设在厦门的"仁义礼智信"海路五行,海路五行负责将收购的内地土货销售出洋,并将外洋舶来品配发山路五商内销内地。郁永河云:"成功以海外弹丸之地,养兵十余万,甲胄戈矢,罔不坚利,战舰以数千计,又交通内地,遍买人心,而财用不匮者,以有通洋之利也。"② 由此,厦门从一个附属于月港的外围口岸一跃成为海内外重要贸易枢纽,"盖厦门一窟,素称逆寇郑成功之老巢,商贾泊洋贩卖货物之薮也"。

郑成功时代,日本、东南亚仍是郑氏集团的主要贸易对象。"明亡之际,士大夫之东渡者,络绎于途,而郑氏复有渭阳之谊,往来尤繁"③。郑氏集团将丝织品、糖、药材等运往日本,换回金

---

① 《大日本近世史料·唐通事会所目录》第 1 册,东京大学出版会 1955 年版,第 180 页。
② (清)郁永河:《伪郑逸事》,申报馆仿聚珍版印,第 2 页。
③ 连横:《台湾通史》(上册),生活·读书·新知三联书店 2011 年版,第 287 页。

银等物。如1649年，郑成功的船只自安海入长崎港，装载白生丝5000斤、Poil绢丝5000斤及若干其他丝织品。1650年，自漳州入长崎，装载生丝12万零100余斤、纶子1800匹、纱绫1800匹，以及绸绉、药材等。据日本岩生成一统计：1642—1662年二十年间，来航长崎的中国船只主要来自郑氏集团。以1650年为例，共有70艘中国船来航，其中郑成功的船队即有59只，比例达到84％。自1654年11月至1655年9月，由中国各地驶入长崎的中国戎克船有57艘，其中安海船41艘，大部分是属于国姓爷的。……从日本商馆日志末后所附载清单中可知，上述戎克船总共装载生丝1401担，以及大量的丝织品和其他各种货物。除了与日本贸易外，郑成功在东南亚海域亦极为活跃。1655年，郑成功派24艘船只前往巴达维亚、暹罗、广南、马尼拉等东南亚诸国，8月，有8艘船自巴达维亚回到厦门。1656年，有6艘郑成功船只抵达柬埔寨，并装载皮革及其他物品运往日本，形成厦门—东南亚—日本三角贸易圈。[①] 据估计，在郑成功时期，平均每年派往东南亚贸易的船只16～20艘[②]。据杨彦杰估算，郑成功与日本的直线贸易平均每年获利55万两，与东南亚的直线贸易获利53万～88万两，再加上三角贸易所得利润，郑成功每年海外贸易总利润可达232万～267万两。[③] 由此可知，郑氏集团到郑成功时，商业资本的积累已经达到了高峰。

郑经时期，拓展了与西方各国的海上贸易。郑经依然维持与日本、东南亚的传统贸易。康熙五年（1666年），郑经"遣商船

[①] 台湾省文献委员会：《巴达维亚城日记》（三），台湾省文献委员会1990年版，第6—10页。
[②] 台湾省文献委员会编：《台湾省通志》卷三，台湾省文献委员会1970年版。
[③] 杨彦杰：《一六五〇年——一六六二年郑成功海外贸易的贸易额和利润额估算》，《学术论坛》1982年4期。

前往各港，多价购船料，载到台湾，兴造洋艘、乌船，装白糖、鹿皮等物，上通日本；制造铜熕、倭刀、盔甲，并铸永历钱；下贩暹罗、交趾、东京各处以富国"①。据《台湾省通志》统计，郑经每年平均派50艘帆船东渡日本。② 而1665年，有20艘东南亚商船前往东南亚。③ 除此之外，郑经还曾写信邀请西方商人与其贸易。1678年，英国东印度公司在厦门设立商馆，当年便从厦门购买12000匹丝绸运回英国，次年又购买9000匹丝绸、10箱生丝。④ 直到1681年郑经退出厦门，英国东印度公司无奈亦将商馆撤回。

随着郑氏集团的滋长与壮大，厦门逐渐由一个走私小港变成海内外贸易中转站，由一个区域海湾逐步走向世界，成为东亚海域的贸易中心之一。

---

① （清）江日昇：《台湾外纪》卷十三，文化图书公司1972年版，第200页。
② 台湾省文献委员会编：《台湾省通志》卷三，台湾省文献委员会1970年版。
③ （泰）沙拉信·威拉蓬著，徐启恒译：《清代中暹贸易关系》，《中外关系史译丛》第四辑，上海译文出版社1988年版，第76页。
④ （美）马士：《东印度公司对华贸易编年史》，中山大学出版社1991年版，第46页。

| 第二章 |

清中叶以来厦门通商口岸的建设

鸦片战争后，1842年厦门成为通商口岸。"同邑依山面海，飞潜动植，无所不备。兼之厦门为五口之一，美雨欧风涵濡有素，倘能于天然产博考而精通之，制成熟货，畅销中外，以之收回利权。"[①] 厦门开埠之后，除了和南洋维持传统的贸易外，又增加了与欧美等国家的往来，而东洋贸易却相对衰落了。此处的东洋、西洋以明朝张燮的《东西洋考》为划分依据："文莱，即婆罗国，东洋尽处，西洋所自起也。"[②] 明确提出以加里曼丹岛北部的文莱一带为界，来划分东、西洋。东洋即包括日本、菲律宾、朝鲜等国，西洋包含南洋、欧洲、美洲及澳洲等地区。

---

① 林学增等修：《福建省同安县志》，成文出版社1967年版，第301页。
② （明）张燮：《东西洋考》卷五，中华书局2000年版，第102页。

第一节　厦门通商口岸的东洋贸易

近代以来,厦门与东洋各国的贸易趋于衰落。明清时期与琉球、朝鲜之间的商贸往来几乎断绝,仅与日本、菲律宾维持相对稳定的商品流通。

作为菲律宾重要港口的马尼拉与厦门之间有定期的航线往来。厦门海关税务司克士可士吉在1865年的海关报告中说:"顺应去年的潮流,中日轮船和纳闽煤炭公司开辟了一条来往于新加坡、纳闽(马来西亚的一个联邦直辖区)、马尼拉和厦门间的航线。"厦门海关副税务司满三德在1867年的海关报告中亦云:"厦门与马尼拉之间,现在有2艘真正合适的轮船不定期地往来。"1874年,祥生造船厂在阿拉伯建造一艘轮船投入厦门港与马尼拉的航运。1876年,德忌利士轮船公司的轮船撤出厦门和马尼拉间的航运贸易之后,改由一艘英国轮船和两三艘西班牙轮船经营,它们定期往返于两地间。① 可见,厦门开埠早期即与菲律宾保持着稳定的贸易往来。

厦门与菲律宾之间主要进行土货交易。有15家中国商行从事与菲律宾群岛的贸易,运去瓷器和纸等,运回果油和牛骨等。②

---

① 厦门市志编纂委员会:《近代厦门社会经济概况》,鹭江出版社1990年版,第7、16、149、179页。

② 厦门市志编纂委员会:《近代厦门社会经济概况》,鹭江出版社1990年版,第222页。

厦门港出口到菲律宾的土货主要包括麻布包、粗瓷器、陶器、爆竹、仿金丝线、铁器、一等纸、蜜饯或罐头水果、茶叶等。这些土货运到菲律宾之后，主要满足当地华人的需求。

就从菲律宾进口的土货而言，包括旧铁、果油、马皮、牛肉干、海参、沙藤等。旧铁主要是被没收的和毁坏的船只残骸或船体，它们被中国商人在马尼拉等地收集之后，转售给中国铁匠，用来制作各种农具和家具。果油，被零售商称之为郎梦子，主要来自马尼拉，同花生油混合后，可照明或制作蜡烛。从马尼拉等地进口的杂货中，还有两种特别的货物，马皮和牛肉干。马皮用于制作皮箱、鞋底和皮的包装材料[①]，很受中国人的喜欢。

厦门开港初期与日本的贸易量很小，甲午战争之后比重逐渐扩大。甲午战争之后，日本的势力在厦门不断扩张，深入到金融、航运、进出口各个领域，随之输入大量日货。1870年进口日货仅310两，输出17071两；1890年，进口增至108782两，输出降至2180两。

日本输入厦门港的主要是大米、小麦、棉布、棉纱、火柴等。由于厦门地少人多，开港之前粮食即由海外输入。开港之后，大米依然是厦门的大宗进口货。早期，大米主要来自日本。如海关税务司休士在1872年厦门海关报告中说："在过去一年里，从外国进口了361126担大米。由于缺乏雨水，本地区的粮食严重短缺。如果没有外国谷物的充分供应（主要来自日本），本地将陷入极大的不幸中。日本大米很受厦门及其附近地区人民的喜好，因

---

① 厦门市志编纂委员会：《近代厦门社会经济概况》，鹭江出版社1990年版，第196—198页。

而很可能将继续成为大宗进口货。"① 但由于大米的大量出口引起日本国内大米价格的上涨，日本政府开始限制大米出口，随后西贡大米开始在厦门畅销。

19世纪末，小麦逐渐取代大米成为日本输入厦门的大宗粮食。1890年厦门海关报告载："若论米麦两宗其进口之数亦逾寻常，麦则全由日本本国贩来，米则多由西贡运至。"② 1882—1891年的十年海关报告亦云："至于其他进口洋货，每年有大量的大米（主要来自西贡）和小麦（来自日本）进口。根据本地粮食产量多寡及北方出口粮食限制的取消与否，每年的进口数量都有所变化。10年来，进口外国大米最多的是1888年的199869担，价值264942海关两；进口外国小麦最多的是1883年的164904担，价值197783海关两。"③

甲午战争后，日本棉布、棉纱开始在厦门畅销。《光绪二十二年厦门口华洋贸易情形论略》载，1896年原色洋布较上年进口减少，"然别种布匹合算尚觉增加多，其最著者乃白洋布、红洋布、稀袈裟布及日本棉布与绸布也"④。除了印度，日本棉纱更是无人能与之争利。"上年（1897年）论列上海所纺之纱，未能与印度、日本者争席，至今亦莫不然。本年日本纱运进者，有880余担，

---

① 厦门市志编纂委员会：《近代厦门社会经济概况》，鹭江出版社1990年版，第83页。
② 《光绪十六年厦门口华洋贸易情形论略》，《中国旧海关史料》第16册，京华出版社，中文第184页。
③ 厦门市志编纂委员会：《近代厦门社会经济概况》，鹭江出版社1990年版，第258页。
④ 《光绪二十二年厦门口华洋贸易情形论略》，《中国旧海关史料》第24册，京华出版社，中文第204页。

而光绪二十二年（1896年）则只250担，二十三年亦只约230担"①。由于日本棉纱成本较低，前去买卖者甚为踊跃，1899年更是猛增至5000余担。海关税务司推测："大阪所出之纱，可卜其日增，如绉布、棉小呢及各种之布，皆较上年为多。"② 但出乎意料的是，1900年日本棉纱即出现滞销，"日本棉布昔日因价值相宜而且耐用，向称易售者，亦觉滞销。棉纱则印度与日本产皆大减少，即纱商亦难觅利"③。

除了米麦等大宗粮食，火柴、煤等亦有输入。1882—1891年厦门十年海关报告记载："火柴的进口虽尚未达到令人吃惊的地步，却也为数甚巨。1881年为120000罗，而1891年为317500罗。值得注意的是，其中约4/5为日本制造，其余的来自欧洲。"④《光绪二十八年厦门口华洋贸易情形论略》亦载："杂货中则自来火销流更盛，以日本制者为最，而该国之煤亦多7300余吨。"⑤

厦门出口到日本的土货极少，偶有少量红糖输出。1873年厦门海关报告载："购买的糖运往澳大利亚、旧金山和日本。"同样，1875年"仅有红糖一项，在去年有出口日本的"。⑥

---

① 《光绪二十四年厦门口华洋贸易情形论略》，《中国旧海关史料》第28册，京华出版社，中文第206页。
② 《光绪二十五年厦门口华洋贸易情形论略》，《中国旧海关史料》第30册，京华出版社，中文第226页。
③ 《光绪二十六年厦门口华洋贸易情形论略》，《中国旧海关史料》第32册，京华出版社，中文第219页。
④ 厦门市志编纂委员会：《近代厦门社会经济概况》，鹭江出版社1990年版，第257页。
⑤ 《光绪二十八年厦门口华洋贸易情形论略》，《中国旧海关史料》第36册，京华出版社，中文第245页。
⑥ 厦门市志编纂委员会：《近代厦门社会经济概况》，鹭江出版社1990年版，第110、162页。

第二节　厦门通商口岸的西洋贸易

近代以来，西洋的范围不断西移，可划分为小西洋和大西洋。小西洋即南洋一带，大西洋则用来称呼今欧、美之间的广阔海域。关于此时厦门的西洋贸易情况，1880年厦门海关报告进行了总结："本口岸向美国和欧洲（主要是英国）输出本地的和淡水的茶叶，有时也往欧洲输出一点糖；而输入鸦片、棉花及其制造品，主要来自印度和英格兰。"① 厦门对西洋出口的货物主要是茶叶、糖、瓷器等，进口的货物有棉纱、棉布、火油、面粉等。

南洋诸国在近代厦门进出口贸易中占有极为重要的地位。甲午战争之前，厦门从南洋进口的货物一般稳定在100万海关两左右，战后则翻了一倍。在诸国中，又以新加坡等为主，其次暹罗、爪哇等国。厦门土货出口在甲午战争前一般维持在40%～50%，战后则攀至70%甚至80%。由此可见，到19世纪后期，南洋诸国在厦门土货进出口贸易中已处于绝对支配地位，厦门与南洋诸国已形成较为成熟的贸易网络。

厦门出口南洋诸国的主要是供当地华人消费的糖、瓷器、茶叶等土货。厦门出口的糖大部分销往国内市场，少部分运往国外，南洋诸国中以孟买和新加坡为多。厦门海关税务司克士可士吉在1866年的海关报告中说："直到最近，数量可观的冰糖才找到它的外国市场，尤其是孟买。"大量瓷器从厦门出口到海峡殖民地、

---

① 厦门市志编纂委员会：《近代厦门社会经济概况》，鹭江出版社1990年版，第222页。

暹罗、西贡等国家。"这种瓷器是很粗糙的。它的大量出口显然是由于上述地区居住着大量从本地区迁移过去的中国人,他们对粗瓷器有着特殊的偏爱,需求持续上升。"① 可见,厦门出口南洋土货主要是为了满足当地华人的需求。除此之外,厦门输往南洋诸国的还有烟丝、粉丝、药酒、砖瓦、麻货等。

厦门主要从南洋诸国进口棉花、棉纱、油饼等杂货。闽南不产棉花,当地纺织业的发展需要大量棉花,因此棉花是厦门一项大宗进口货物。开港之后,印度棉花即大量进入厦门市场。厦门海关副税务司满三德在1867年的海关报告中说:"在美国内战期间,印度有大片地区种植棉花。自内战结束后,印度棉花产量大大超过当地需求。剩余的棉花在欧洲没有销路,便转向中国市场。印度棉花从香港运入厦门,已达到进货过剩的地步。"由于价格低廉,印度棉花在厦门成倍增长:"原棉是厦门的大宗进口货,来自印度、上海和宁波。在我们回顾的一年里印度棉花进口19195担,约为1869年的两倍。普法战争爆发后,大量的印度棉花进入香港市场,价格低廉,诱使商人们大量运往厦门。"由于土产棉花的挤压以及洋纱的竞争,19世纪90年代以后印度棉花输入量逐渐下降。"印度棉花将逐渐被来自上海和宁波的棉花挤出本地市场。对上海和宁波棉花的需求在稳步增长,而对印度棉花的需求则在迅速下降。"②

除了棉花,印度洋纱在19世纪60年代即有输入厦门。厦门海关代理税务司琼斯(James Jones)在1868年的海关报告中说:"洋纱有一大部分是从新加坡和孟买经香港进口的。这些洋纱质量

---

① 厦门市志编纂委员会:《近代厦门社会经济概况》,鹭江出版社1990年版,第10、161页。

② 厦门市志编纂委员会:《近代厦门社会经济概况》,鹭江出版社1990年版,第129页。

粗劣，但价格相对便宜，因而比质地最优但价格昂贵的英国棉纱更受欢迎。"由于价格低廉，1880年之后棉纱进口量不断攀升。1882—1891年厦门十年海关报告载："本口岸对印度棉纱需求的增长也应引起注意。从1881年的年进口净量27858担稳步增加到1891年的57978担。"①《光绪十七年厦门口华洋贸易情形论略》曰："印度棉纱几如上年之盛，其进口之数复增至58000担之多。"②《光绪二十年厦门口华洋贸易情形论略》云："外洋贸易进口洋货比上年大为增益，其中变迁有出人意料之外者，棉货各样具有加增，印度棉纱上年只有45600担，本年增至58500担。"③

厦门是茶叶出口的主要口岸之一，其中美国居于首位。19世纪70年代之前，每年输往美国的茶叶一般维持在总量的40%～50%之间。厦门海关税务司克士可士吉在1866年的海关报告中说："和往年不同，1866年的茶叶大多出口到美国和马六甲海峡，出口到纽约的茶叶达600万磅"，"比较1863—1866年间厦门运往英国和美国的茶叶数量，可以看出，运往美国的比运往英国的多5倍"。厦门海关副税务司满三德在1867年的海关报告中说："目前茶的交易比以前任何时期都大，比1866—1867年的出口额增加了将近100万磅。茶叶主要运往美国。"1875年，"在本口岸茶叶出口的各个不同国家中，美国遥遥领先"。19世纪70年代后期，由于日本茶的竞争以及中国茶本身质量的低劣，厦门茶叶出口量逐渐下降，到甲午战争后基本停止了对美国的出口。1882—1891

---

① 厦门市志编纂委员会：《近代厦门社会经济概况》，鹭江出版社1990年版，第28、257页。

② 《光绪十七年厦门口华洋贸易情形论略》，《中国旧海关史料》第17册，京华出版社，中文第183页。

③ 《光绪二十年厦门口华洋贸易情形论略》，《中国旧海关史料》第22册，京华出版社，中文第181页。

年厦门十年海关报告载："本地茶叶贸易的衰退，是本口岸近期商业史一项最引人注目的事。它的衰落可追溯到1882年以前，但过去10年里，衰落益加明显了。"1892—1901年情况更加糟糕："在这10年间，一些税务司常常不能不痛惜厦门茶叶贸易的逐渐衰落。而如今，我们对此所能记述的仅是，与外国的茶叶贸易已完全停止。"①《光绪三十二年厦门口华洋贸易情形论略》亦云："前已论及茶叶生意不复出口。"②

厦门从美国进口煤油、面粉等杂货。厦门进口煤油始于19世纪60年代，数量有限，80年代之后，逐渐普及，进口量大增。《光绪二十年厦门口华洋贸易情形论略》云："溯同治十三年（1874年）以前，火油尚属仅见之物，不料二十年之间，竟如此盛行，岂非出人意料外哉？将来更不知多至何所底止也。"③甲午战争前，进口以美国箱装煤油为主。如1889年进口火油324300加仑（每加仑为六斤四两），"所有进口火油皆系美国所出，从纽约由夹板船径行运进本口者有104000加仑"④，约占到当年火油进口总量的1/3。1890年更是骤增至134.8万余加仑之多，比前四年总数还多，难怪《光绪十六年厦门口华洋贸易情形论略》称其"是年之盛，一超之下迥出寻常，此火油之独立一帜，洵足羡也"⑤。

---

① 厦门市志编纂委员会：《近代厦门社会经济概况》，鹭江出版社1990年版，第10、19、161、196、259页。

② 《光绪三十二年厦门口华洋贸易情形论略》，《中国旧海关史料》第44册，京华出版社，中文第331页。

③ 《光绪二十年厦门口华洋贸易情形论略》，《中国旧海关史料》第22册，京华出版社，中文第181页。

④ 《光绪十五年厦门口华洋贸易情形论略》，《中国旧海关史料》第15册，京华出版社，中文第176页。

⑤ 《光绪十六年厦门口华洋贸易情形论略》，《中国旧海关史料》第16册，京华出版社，中文第184页。

1891年，进口量依然递增，计有177万余加仑之多，"均由美国而来者"①。1892年《光绪十八年厦门口华洋贸易情形论略》云："美国火油依旧畅销。"② 但1895年，厦门海关颁布《厦门港集散装火油之进口、储运及运输暂行条例》，散装煤油逐渐取代箱装煤油畅销厦门。1892—1901年厦门十年海关报告云："所有的箱装煤油，尤其是美国生产的，进口量呈现下降，让位给俄国和苏门答腊的散装煤油。来自婆罗洲的煤油，于1901年第一次进口。"③

厦门进口的面粉主要来自美国。厦门海关税务司克士可士吉在1865年的海关报告中载："我想提请您注意另一种新的进口货，即加利福尼亚的面粉。去年，由轮船从香港运来了数量可观的面粉。"由于质量上等，而且价格便宜，厦门及其附近地区用它制作面线，极为畅销。1880年之前，厦门进口美国面粉数量有限，而且每年进口量不稳定。"加利福尼亚面粉在1873年被大量进口，达1081.1担，由于谷物收成良好，供应充足，加上本省已广泛种植的甘薯丰收，去年的进口下降到435.12担。"④ 但1880年之后，进口量不断增加，美国面粉成为厦门主要进口货物之一，每年进口量稳定在1万~2万担。甲午战争后，输入量急速增加，上升到10万担左右。1898年《光绪二十四年厦门口华洋贸易情形论略》云："美国面粉大为兴起，虽价值比上年增四分之一，然以本

---

① 《光绪十七年厦门口华洋贸易情形论略》，《中国旧海关史料》第17册，京华出版社，中文第182—183页。
② 《光绪十八年厦门口华洋贸易情形论略》，《中国旧海关史料》第19册，京华出版社，中文第176页。
③ 厦门市志编纂委员会：《近代厦门社会经济概况》，鹭江出版社1990年版，第305页。
④ 厦门市志编纂委员会：《近代厦门社会经济概况》，鹭江出版社1990年版，第130页。

年所销 98000 余担，较上年 52000 余担尚多 46000 余担也。"①

除此之外，近代厦门与英国、澳大利亚、波斯、土耳其、南美、俄国等国家亦有贸易往来。厦门与英国的贸易主要经过香港中转，直接贸易很少。厦门输入英国的主要是茶叶。1867 年仅有一船茶叶运往英国，"1866—1867 年间没有茶叶直接运往伦敦"。1870 年，"一些船只在厦门装载茶叶直接运往伦敦"。与美国相比，出口英国的茶叶数量较少。比较 1863—1866 年厦门运往英国和美国的茶叶数量，美国是英国的 6 倍。1873 年，"出口美国总数达 171873 磅厦门乌龙茶和 251495 磅淡水乌龙茶，出口英国为 1875 磅厦门乌龙茶、44688 磅淡水乌龙茶和 19827 磅厦门工夫茶"。厦门向澳大利亚输出茶、糖，运回煤。1868 年，"运往欧洲大陆和澳大利亚的工夫茶，价格每担比上一期提高了大约 3 元"，1873 年，"购买的糖运往澳大利亚"。厦门进口的煤主要来自澳大利亚，1869 年进口仅 1897 吨，到 1872 年增至 13290 吨。俄国的煤油在甲午战争后畅销厦门，"所有的箱装煤油，尤其是美国生产的，进口量呈现下降，让位给俄国和苏门答腊的散装煤油"。波斯、土耳其的药材在厦门亦很受欢迎。②

---

① 《光绪二十四年厦门口华洋贸易情形论略》，《中国旧海关史料》第 28 册，京华出版社，中文第 206 页。

② 厦门市志编纂委员会：《近代厦门社会经济概况》，鹭江出版社 1990 年版。

| 第三章 |

民国年间海上贸易对厦门的回馈

明后期到清末，因为海禁、经商需要等原因，经由厦门出海的闽南民众在长期的摸爬滚打中，在海外或多或少地开辟了自己的生存之道，在赚取了或多或少的财富之后，他们首先想到要回馈的是自己的祖籍地，是自己的家乡。厦门城市的现代化和繁荣兴旺可以说离不开经由海路回归的华侨资本的滋润。

第一节 厦门城市基础设施的快速建设

民国年间，厦门市针对市容的脏乱差，开展了市容的改良和整治。1920 年，厦门市成立首届市政会，林尔嘉担任会长，黄庆元担任副会长，商人是这项动议的倡导者和践行者，这一年动工建设厦门市第一条马路——开元路，历时 6 年完工，可见资金不足仍是主要制约因素。1922 年，厦门市第二届市政会成立的时候，厦门总商会和侨团合作，洪鸿儒当选为会长，黄奕住当选为副会长，华侨力量逐渐在市政建设中彰显出自己的雄厚实力。

第一次世界大战到1929年世界经济危机之前，厦门对欧美及东南亚的出口贸易得到一定程度的恢复，厦门商业百货业取得了蓬勃的发展，开元路、大同路、中山路成为新商业中心，旧时的局口街、小走马路逐渐萧条。1929年世界性经济危机爆发，因为支撑厦门贸易发展的海外市场欧美和东南亚经济都走向恶化，厦门的商业也遭遇重大挫折，不仅进出口贸易额大幅减少，厦门本地商业也严重萎缩。

这一时期，厦门的商业活动主要依赖华侨，到1933年，杂货、西药、服装、绸布、珠宝、理发、参药、爆竹等与华侨消费有关的商业营业额与1930年相比减少一半以上，商铺大量停业。侨汇进入也受到较大影响。

或许当时的中国较少受到世界性经济危机的波及，20世纪30年代，许多华侨带着避险的心态回到厦门，又在一定程度上反哺厦门，逐渐带动起厦门的商贸业，尤其是房地产业，推动了厦门城市基础设施的快速建设。

厦门公共交通主要由华侨独资或合资创办。当时，厦门市政当局也积极鼓励并主动吸收侨资，如海军禾山办事处与侨资组成的全禾汽车公司签订合同，以专营权为交换条件，由后者出资修筑江头至高崎、江头至五通、厦门大学至云梯岭、安兜至钟宅、浦园至何厝等道路。

厦门市第一条公共交通营运路线是由马来亚侨商黄晴辉等创办的。1926年，厦门市第一条可以行驶汽车的开元路竣工，但此时厦门还没有公共交通。当年，马来亚华侨黄晴辉回国，目睹厦禾路至江头乡尚未通车，于是联合冯开让、薛煜添、方炳坤等8人集资1万多元创办交通运输业，购置小型汽车2辆，雇用职工

15人，开辟由美仁宫至江头的运营线路。该线全长6.2千米，票价2.5角，每天收入可达100~200元，因而有了扩张路线、扩大经营的倡议。1926年冬，本地商人和归国侨商一起组建全禾汽车股份有限公司，发行股票2万股，每股5元，共计10万元，并限定只有禾山人才有资格投资。公司边筹资边着手筹备和筑路。全禾汽车股份有限公司先后筑路并开通多条交通线，主要线路有：庵兜起经殿前至高崎线；后院乡海军办事处起经后坑、桥头、高林至五通线；莲坂起经金鸡亭、洪山柄、岭兜至何厝线；枋湖起经下忠、墩上至寨上线；大桥头起经镇北关、胡里山至曾厝垵线。在这些线路的开筑中，不少华侨捐资独修或协修，如大桥头至曾厝垵全线建筑费由马来亚华侨曾国办捐献；莲坂至何厝线、江头至寨上线由菲律宾华侨林云梯、马来亚华侨陈有才出资协办。

道路修筑完成后，全禾汽车股份有限公司再购进美国汽车10辆，每辆可乘坐25人；高崎、五通线开通后又添置10辆。全部投入运营的全禾汽车公司拥有汽车20余辆，员工60余名，每天乘客近千人，营业收入每日可达四五百元。

表3-1　全禾汽车股份有限公司各线通车时间及票价一览表

路线	起讫地点	通车时间	全线长度（千米）	票价（元）
五通线	美仁宫至五通	1928年4月	14.11	0.56
高崎线	美仁宫至高崎	1927年12月	13.9	0.56
何厝线	美仁宫至何厝	1931年3月	11.3	0.42
钟宅线	美仁宫至钟宅	1929年6月	13.22	0.42
寨上线	江头至寨上	1932年8月	5.13	0.2
曾厝垵线	大桥头至曾厝垵	1928年8月	3.7	0.2

华侨投资对厦门迅速改善交通条件产生了积极的影响。1927—1932年，厦门市政局在迅速完成厦门市中心主要道路修筑

工作后，开始公开招商承办厦门市公共汽车事业，规定营业专利权25年，压柜保证金10万元，并提出每辆汽车每月的车牌租至少为100元，以投标金额最高者得标。1928年，张镇世、洪晓春以每辆115元投标取得厦门市公共汽车营业专利权，翌年组建厦门市公共汽车公司，开办厦门市区内的公共交通业务。厦门公共汽车公司与全禾汽车股份有限公司成功合并，取名民办厦禾汽车股份有限公司。该公司拥有资本30万元，职工150余名，汽车40余辆，共开设市区路线6条。

1930年，合并后的厦禾汽车股份有限公司因股东间的摩擦又再次分开，各立门户。同年，全禾汽车公司改组，不久后又收购厦门公共汽车公司的全部股票，以谋求扩大营业。但进入20世纪30年代后，世界性经济危机导致各地往来的旅客和出入的华侨大减，全禾汽车公司的营业因而急剧衰落。

民国时期，厦门的旅馆客栈业的特色更多体现在与华侨相关的洋栈上，这些洋栈普遍具有较强烈的地域与宗族色彩。所谓县有县别，乡有乡别，姓有姓别，甚至连同姓也有亲疏之别。譬如晋江要分青阳、石狮、洪埭。厦门的洋栈有晋江、南安、安溪、惠安、莆田、仙游、同安、龙溪、海澄、金门、永春、龙岩和厦门。如当时的绵盛客栈，主要接待安溪湖头一带的华侨，新永兴则主要接待永春一带的以陈姓为主的旅客，盛昔栈专门接待南安芙蓉一带的侨胞。当时，厦门旅栈280余家，以岷栈居第一位，有80余家，籍别又以晋江为最多，南安次之。主要接待往来于菲律宾和晋江、南安之间的华侨。这些客栈的另一个特点是住栈者往往能享受到住与行一条龙式的服务，航运公司能给予他们更多的优待。

厦门客栈的发展与水客存在一定的联系。早期，华侨到南洋谋生，积累财富之后大量寄回国内，一则赡养家眷，二则回国创业。由于当时交通和通信都不发达，为了解决侨汇问题，渐渐形成了一批专门为侨胞捎带书信、款项的中介人——水客，他们往往寄住在亲戚家里。后来随着业务增多，往来愈加频繁，于是便应运而生若干客栈，专门为华侨出入及水客往返服务。

鹭江道的客栈以接待往来的东南亚侨客为主。为了招揽客人，厦门各客栈甚至将战线延伸到香港，因为印度尼西亚的客轮中途停靠香港，这时拉生意的客栈伙计就会上船一一询问以招揽客源，并提供人前马后的服务。当时的客栈还有一条不成文的惯例，就是要设宴为客人接风和送行。其实这些开销往往都算到住宿费里，但是却让客人有宾至如归之感，心理上会产生极大的满足感。

厦门的餐饮业也在这一基础上获得发展，闽南菜、福州菜和广东菜都大行其道，此外还有京菜、素菜和西餐等。厦门最早的闽菜馆是清光绪二十七年（1901年）开设于鼓浪屿龙头路的苑香居。这家店专门外出到顾客家承办宴席。1927年创办于古营路的全福楼和1939年创办的双全酒家都是厦门比较知名的闽菜馆。

厦门的休闲娱乐业在华侨资本的支持下，也获得开风气性的发展。演戏、说书、饮酒、打茶围、博弈等传统娱乐业，跳舞、看电影、游乐场、喝咖啡、打球等西式娱乐业都较快传入厦门。

祖籍曾厝垵的曾国新、曾国聪于1927年斥资20万元兴建厦门思明戏院（今思明电影院），一举成为当时厦门最豪华的戏院，主要放映美国好莱坞影片。这是因为曾国聪的曾祖父早年在东南亚经营海参贸易，家业迅速壮大。曾国聪恰逢二十世纪二三十年代厦门开始大规模市政建设，于是他热情高涨，还建设了厦门城区通往曾厝垵的公路。

开明戏院是缅甸华侨杨德从于1930年创办的，位于思明北路

171号，占地面积500平方米，建筑面积1380平方米。戏院主体建筑为6层大楼，一楼正面为售票间和大厅，二楼、三楼为舞台和观众厅，有固定座位668个。1933年，杨德从将开明戏院转让给另一位厦门侨商曾涵养。日军占领上海后，由于片源断绝，开明戏院不得不停业。厦门沦陷后，开明戏院与思明戏院被日军强行占领。厦门光复后，开明戏院被侨商林怡乐的和乐影业公司承租，直至厦门解放。

厦门的电灯电话、中南银行、上李水库的建设等等都凝聚着华侨的心血。

所有这些都显示，华侨利用在海外谋生赚取的利润反哺厦门，带动了厦门市政基础设施的快速建设，将厦门快速带入较为国际化的城市行列。

第二节　厦门工商各业的蓬勃兴盛

民国年间，厦门与海上丝绸之路沿线国家间的贸易联系依然得到延续，工商各业发展的步伐不小。

先说粮食业。从1912年到1937年，厦门洋米输入依然鼎盛，平均每年输入60万担，占同期大米输入总量的近90%，1933年一年厦门更是输入洋米200万担以上，创历史最高纪录。1935年，国民政府开始征收洋米海关税，税额高于国内大米，每担征收国币1.86元，随后，洋米的输入呈现逐年下降趋势。

在厦门的粮食进出口贸易中，外国商人和外籍华商开办的粮食批发洋行占有重要份额，如美商美时行，英商和记、合记、成记，日商三井，日籍华商王敬祥的祥记、郑俊卿的信兴、孙作斌的太己号和苏溢濒的三益行，他们的资金雄厚且拥有海运巨轮，因而得以称雄于市。

茶叶是福建输出的大宗商品，民国年间每年维持在7000~9000担，1930年出口额为12000担，不过因为台湾茶的大量占领市场，厦门茶叶出口受到了较大的制约。

厦门的百货业在二十世纪二三十年代迎来了一个大发展时期，这是与厦门中山路、大同路、思明南北路等新马路的开通密切联系的，因为厦门交通便利，南来北往的旅客增多，为厦门百货业的繁荣注入了活力。杂货店、洋货店、苏广洋货铺等仅从命名上便能窥见其货品的丰富和多样。

据1931年《厦门指南》记载，当时全厦门的百货网点共有142家，主要分布在开元路、大同路、亭仔下、中山路、竹仔街，并向镇邦路扩散。到1937年，厦门已有苏广杂货铺82家，南北郊业30家，共112家。抗战全面爆发后，尤其是厦门沦陷后，交通断绝，经济残败，厦门的百货业遭到重创。厦门光复后，百货业再度兴起。

厦门的酿酒业在民国时期取得一定的发展，罐头、酱油行业中要数淘化罐头食品厂、大同酱油厂和兆和罐头厂为最，三者在民国时期形成鼎足之势。1912年，厦门侨商陈嘉庚和杨格非合作，集资16万元，在虎头山下设立大同酱油厂。由于大同公司的产品类型、销售地与淘化罐头公司完全相同，因而二者展开了激烈的竞争，最终导致两败俱伤。后来二者通过协商，于1927年达成协议，合并为淘化大同股份有限公司，并将资本扩大到100万元，该厂由黄廷元担任董事长，郑炳伦担任总经理。1929年，淘化大同公司董事会决定在香港设立分公司。到20世纪30年代，该公司年产各种食品罐头 500 吨,市场也由原来的东南亚地区扩展到欧美国家。1938 年,厦门被日军占领,淘大公司深受打击,在厦门的业务几乎维持不下去,同年 5 月,淘大公司董事会决定将公司迁往香港,留在鼓浪屿的厂房和设备均遭到日军的严重破坏。在鼓浪屿的另一家酱油厂兆和酱油厂,由厦门侨商黄钦书、陈荣芳等集资于 1927 年创立,该厂生产的酱油以寿星、和字为商标,曾经行销于印度尼西亚及南洋各地,与淘化大同公司一样惨遭日军的摧毁。

1918 年,元合利记打铁店郑振兴在竹树脚开办了第一利针织厂。1923 年,菲律宾苎素织造有限公司成立,生产袜子、内衣和衬衫等纺织品。1932 年,厦门已经有织布机 60 余架,此外还有若干其他的纺织机器。

在厦门的纺织工厂中,有两家由厦门侨商创办的规模较大的布厂:民生布厂和民光布厂。1929 年,厦门侨商陈英南(汕头人)等集资 16 万元(实收 12 万元)在禾泰街创办民生布厂,陈英南任厂长,刘文照任经理,租赁禾泰街为厂址,每月租金 400 元,场内机器除引擎为德国制造,其余都是上海出产的。布厂共计纱锭 360 支,布机水电力 66 架,动力 28 架,全铁布机 2 架,提花布机 4 架,价值总计 5 万～6 万元。全厂男女工人 170～180 人,生产成功牌自强呢、经济呢、树皮呢、人字呢、中山呢以及寒暑布、毛巾、罗帐等,经营良好时成品各类布 3600 余匹,价值近 12 万元。产品主要销往厦门、泉州、漳州及南洋各地。开设之初,经营状况良好,产品不输给上海等地的工厂。后因扩张失利,加上战争影响,销路和流动资金缺乏,于 1935 年宣告歇业。

1929 年,菲律宾华侨杨兆昆先后出资 20 余万元在禾山竹坑湖独资创办民光布厂，并购置设备从事纺织业生产，生产三羊牌人字呢、色绦等，民光布厂的机器均向上海及本地机器厂采购，共计纱锭 100 余支、电力机 10 余架、人力机 60 余架，价值 3 万～4 万元。全厂工人男女 110～120 人，每年用纱 300 余件，每月产布 30 余匹。民光布厂后来由于管理不善，资本损失殆尽，于 1934 年宣布停业。

1931 年，华侨在禾山双涵创办菲律宾打索厂，这是中国第一家机器制绳厂，以龙舌兰为原料，生产绞绳。1932 年，侨商陈华登在后江埭创办华南制革厂，从日本引进机器设备。

可以说，20 世纪 30 年代，厦门纺织业发展到一个高峰，据 1932 年《厦门工商业大观》统计，当时厦门市有工厂 245 家，其中纺织业工厂达 24 家，占总数的近 10%，其中有制造厂 3 家，染坊 16 家，毛巾厂 5 家。

绒拖业是厦门较为独特的一项纺织产业，最早由菲律宾发明，样式新颖，为夏天必备之物，华侨回国多带回送人，于是在厦门备受人们青睐。1921 年，致中和在厦门开设分行，专营绒拖，行址设在开元路，兼营百货。1923 年，活源开业，也以出售绒拖为主。起初，厦门绒拖行的绒拖都由菲律宾进口，后来鉴于海关课税太重，成本高昂，加上配运手续复杂，遂有厦门商人在后江埭自创制造绒拖的工场。致中和、活源制造的绒拖与菲律宾生产的绒拖在质量上无分高下，且成本低廉，因此大受欢迎。在致中和、活源的带动下，厦门出现了一批生产绒拖的工场，其中规模较大的有福泉益、协晋、金山、图南、福建硝皮厂、福泉春、永和昌、坤记、永川、协源等。厦门绒拖工场生产的绒拖种类繁多，包括珠面、绒面、容四条带、皮四条带等，原料、皮料主要由厦门本地和广东供应，珠面主要由德国供应，绒布则主要由美国供应。

绒拖业是劳动密集型产业，需要大量的工人，但厦门的绒拖业很少有长期雇佣的工人，而是根据订单量随时散发，按件计价。在鼎盛时期，厦门的绒拖业工人达800～900人。其中男工仅100～200人，其余全是女子。除少数男工在工场工作外，其他人大多将原料取回家中，制成成品后再送到工场，由工场按件计价。女工如绣珠、制绒面、合底等都是由一人向工场承包，然后分发各女工制作。

厦门绒拖工场生产的绒拖除满足厦门本地需求外，还销往漳州、泉州及其他地方，也有一些绒拖远销台湾和东南亚，如英属新加坡、荷属泗水等。[①]

民国时期厦门的电话事业在黄奕住的倡导下得以开展。1919年，黄奕住决定创办电话公司；1922年，黄奕住集资30万元，以10万元承顶林尔嘉的德律风公司；次年又以23.25万元收购鼓浪屿川北电话公司，随后成立商办厦门电话股份有限公司。厦门电话公司以20万元在赖厝埕（今大元路）兴建总机房及添设新器材，包括改装共电式交换机及所有附属设备。向美国开洛公司订购480门共电式交换机。厦门电话公司还在鼓浪屿龙头路设立接线站，铺设厦门至鼓浪屿的海底电缆，以实现厦鼓之间的通话。

通过黄奕住的努力，厦门电话公司取得成功，在运营后不久就有千余户用户。到1933年，厦门电话公司的最大容量达到2000门，加上鼓浪屿400门、禾山100门，基本上满足了厦门市对于电话通信的需求。

厦门的电灯事业也因为鼓浪屿大量洋人和华侨别墅的兴建而被迅速提到议事日程之上，陈祖琛是厦门绅商，其子陈耀煌于宣

[①] 洪卜仁、周子峰主编：《闽商发展史·厦门卷》，厦门大学出版社2016年版，第150页。

统元年（1909年）毕业于北京高等实业学校电气专科，对电气工业的相关知识和发展前景有一定的认识，认为厦门发展电灯事业很有前景。商人黄庆元作为厦门富商积极支持陈祖琛的设想，于是，1913年，陈祖琛、黄庆元和汇丰银行英籍华人高级职员叶鸿翔邀请侨商洪雪堂、郑志坤等集资15万元，在沙坡尾创办厦门电灯电力公司，设厂发电。

20世纪20年代末至30年代初，厦门开展大规模市政建设，市区用电需求大增，原有的发电设备无法满足城市用电需求，黄庆元向公司股东指出，由于厦门城市建设，人口增多，华侨纷纷来到厦门建筑房屋和投资，外国银行、洋行代理商、旅栈、工厂、医院等用电大户越来越多，申请用电者纷至沓来，公司800千瓦发电机无法满足需求，必须增加发电设备，将计盏收费改为计度收费。1926年，黄庆元再次建议扩大公司规模，增加股份，将原有公司溢利暂存款和公积金作为增加的股金注入公司股本中，从而使得公司的股金增加到3.5万股，每股40元，共120万银圆。同年，厦门电灯电力公司向德国西门子公司购置一座1500千瓦的蒸汽发电机，于当年完成安装，发电量增至2300千瓦。1933年，为适应厦门城市用电的需求，厦门电灯电力公司再向美国通用电器公司购买1500千瓦发电机一座，供电范围由市区扩大到城郊，曾厝垵、文灶和西北沿海一带住户也可用电，供电领域由照明扩大到碾米、锯木等行业。厦门电灯电力股份有限公司至此达到发展的顶峰。

由于厦门是一座海岛城市，岛上缺乏充沛的淡水资源，饮用水也是一个制约厦门发展的大问题，1921年，黄庆元、黄奕住等发起筹办自来水厂，共募集资金110万元。经多方筹备，1923年，厦门自来水股份有限公司正式成立。黄奕住任董事长，黄庆元任副董事长。公司成立后，聘请国内外专家进行水库和水厂的勘察设计，由德国西门子公司承建。经过多方努力，到1926年，厦门自来水公司先后在厦门岛东南部的上里山建成一座库容100万立方米的水库，在南普陀寺西北侧建成一座日制水能力达5000立方米的自来水厂，并铺设供应和配水的管道设施。1926年11月，厦门自来水公司供水开始得到缓解。但由于该公司供水规模小，设施安装费用高昂，因而供水普及率很低，只有洋人、商家、小康之家才能享受得起，一般老百姓仍然不得不靠降雨或水仔船供应饮用水。

为了解决鼓浪屿和海上外国轮船的用水问题，黄奕住等人再次集资90万银圆，于1930年开始建设厦鼓上下水码头，此外还在鼓浪屿兴建蓄水池和供水管道，另外还购置水船3艘、轮船1艘用于供水。1932年，厦门自来水公司正式向鼓浪屿和海上外国轮船供水。

黄奕住还推动厦门传统的钱庄业向银行业转化。1934年，黄奕住考虑到钱庄业终将被淘汰，便与中南银行总经理胡笔江商定，以黄奕住在厦门的产业向中南银行抵押借款100万元，用以支付存户的存款。随后，黄奕住在报纸上刊登通告，宣布自8月1日起办理停业手续，以两个月为期，委托厦门中南银行分行代付此前他的钱庄黄日兴钱庄各存款人到期及未到期的本息。由于黄奕住信誉较好，且黄日兴钱庄与中南银行厦门分行的老板都是黄奕住，钱庄与银行都在同一栋楼办公，存户从楼上支领，随即到楼下转存到中南银行，所以黄日兴钱庄在收盘过程中实现了平稳过渡。

民国时期，厦门的房地产业也因为华侨的大量移居而兴盛起来，华侨资本支撑起厦门房地产业的大半个天空。20世纪20年代末，厦门市市政建设方兴未艾，此时又正值国内银价下跌，客观上造成了有利于华侨回国投资的局面，1927—1931年间，厦门市区私有房屋共计7000余户、10000多幢，其中属于华侨所有的占50%以上。

| 第四章 |

明清海洋政策对厦门发展的影响

第一节 明代摇摆式海洋政策对厦门发展的影响

明代的海禁政策始于洪武年间，断续延至崇祯末年，然而在不同时期海禁宽严不一，也与当时具体的情势以及臣工的建言有关。

洪武四年（1371年）首次申明海禁，之后洪武七年、洪武十四年、洪武二十三年、洪武二十七年、洪武三十年屡次重申。洪武年间的海禁，一方面是为了控制方国珍、张士诚旧部或防范其余党倡乱，如洪武四年十二月丙戌，"诏吴王左相、靖海侯吴祯，籍方国珍所部温、台、庆三府军士及兰秀山无田粮之民尝充船户者，凡十一万一千七百三十人，隶各卫为军，仍禁濒海民不得私出海"。[①] 一方面

[①] 《明太祖实录》卷七〇，洪武四年十二月丙戌。

防止民众通番,如四年十二月乙未,"上谕大都督府臣曰:朕以海道可通外邦,故尝禁其往来。近闻福建兴化卫指挥李兴、李春私遣人出海行贾,则滨海军卫岂无如彼所为者乎?苟不禁戒,则人皆惑利而陷于刑宪矣。尔其遣人谕之,有犯者论如律"。① 一方面是为了防范倭寇,倭寇侵扰中国自元代即有记载。洪武五年诏浙江、福建造海舟御倭。② 洪武十七年,有"以防倭故","命信国公汤和巡视浙江、福建沿海城池,禁民人入海捕鱼"的记载。③ 虽然海禁的总体方针不变,历次禁令的颁布则多因时因事而发。

禁海之外,洪武朝还采取了另外的管理举措,洪武二十年(1387年),周德兴受命在福建抽兵防倭,移置卫所巡司,修建所城。洪武二十年六月,继浙江昌国县内徙后,"徙福建海洋孤山断屿之民,居沿海新城,官给田耕种"④,据《八闽通志》,属于同安县的古(鼓)浪屿、小登(嶝)屿、大登(嶝)屿都在内迁之列,直到成化六年(1470年)"复其旧"。⑤

永乐皇帝在位期间虽然重开市舶,命郑和下西洋,招徕各国朝贡,但其《即位诏》中即"一遵洪武事例",严禁沿海军民"私自下番,交通外国"。此后永乐二年(1404年),福建府县官员奏称"福建濒塘海居民私载海船,交通外国,因而为寇",于是下令禁民间海船,将原海船改为平头船,使其不能远航。⑥ 永乐五年平安南诏中复重申禁海。

宣德八年(1433年),郑和等人率领船队完成第七次远航,

---

① 《明太祖实录》卷七〇,洪武四年十二月乙未。
② 《明太祖实录》卷七五,洪武五年八月甲申;卷七六,洪武五年十一月癸亥。
③ 《明太祖实录》卷一五九,洪武十七年正月壬戌。
④ 《明太祖实录》卷一八二,洪武二十年六月甲辰。
⑤ (明)黄仲昭:《八闽通志》卷七《地理·泉州府·同安县》。
⑥ 《明太宗实录》卷二七,永乐二年正月辛酉。

此后下西洋的活动终止。巧合的是，据《明宣宗实录》，使团回京的次日有"严私通番国之禁"的上谕，或以为海禁与停止下西洋有某种联系。万明撰文①指出，下西洋的停止自有其偶然与必然因素，而这则禁令意在禁绝民间私通，与朝廷下西洋无干，海禁与朝贡在明代一直是并行不悖的。

据《明宣宗实录》记载，宣德九年（1434年），"巡按福建监察御史黄振奏，漳州卫指挥覃庸等私通番国，巡海都指挥张翥、都司指挥金瑛、署都指挥佥事陶旺等及左布政使周克敬，俱尝受庸金银帽带等物。庸已事觉籍没，翥等原没之物亦皆输官。但方面重臣，交通小人，受其赃贿，不可宽假，请究治如律。上曰：'御史言当，但既以输官，宜从轻减，然亦不可不警之，悉停俸三年。'"对于私出外境、下海通番的行为，《大明律》有严厉的处罚条款（成书于成化、弘治以后的《问刑条例》有更为严厉的处罚），但是在这一事件中，犯罪者并未被"究治如律"，尽管这些官员职在防海，不仅渎职，甚而监守自盗，但从上谕看来，宣宗并没有把海防官员参与违禁通番当作大事，处罚也仅限于经济层面。据弘治时成书的《八闽通志》，覃庸在洪武时曾任漳州卫指挥使司佥事②，在此事件之后，尚有正统初年覃庸以漳州卫指挥的身份参与漳州卫指挥使司衙门重建的记载③。张翥、覃庸等人身为海防将官，反而监守自盗，参与通番，不仅未被按律治罪，仕途也并未受到任何负面影响。据载，张翥更是屡被弹劾，屡被姑息，下狱前甚至试图营求"提督直隶、浙江、福建三方"。上行下

---

① 万明：《郑和下西洋终止相关史实考辨》，《暨南学报（哲学社会科学版）》2005年第6期，第113—122、141页。
② （明）黄仲昭：《八闽通志》卷三三。
③ （明）黄仲昭：《八闽通志》卷四二。

效，大可以此一观该时期海禁、海防之废弛。

景泰三年（1452年），"命刑部出榜禁约福建沿海居民，毋得收贩中国货物，置造军器，驾海交通琉球国，招引为寇。时有言黄肖养之乱多由海寇啸聚，故禁之也。"① 黄肖养前后又有邓茂七、严启盛等势力活动，这一时期重申海禁应出于防范海盗的目的。然而并非所有的涉海活动都被禁止，景泰间任漳州知府的谢骞编制牌甲，允许梁头五六尺以下的小船出海。②

成化年间（1465—1487），《实录》中有两起福建地方通番案件处理情况的记载。一是成化七年龙溪民丘弘敏等泛海至满剌加贸易，并在暹罗诈称朝使，受珍宝等物。后还福建，泊船海汊，因拒捕杀伤官军。被捕后二十九人处斩，年幼者充军，其妻罚为奴，所买外国人口解京。一是成化八年龙溪县民二十九人通番，拒捕。被逮后多饿死狱中，十四人被处决。

两起通番案件应都是在福建当地处理的（前者经巡按洪性上奏请旨，后者不详），在正统年间（1436—1449），这类案犯似应解京发落。如正统三年六月，前巡按福建赵奎、福建按察司副使杨勋因"论决不如例"被右都御史陈智等参奏，被逮下狱。③ 另外，正统年间活跃于广东一带的福建海盗陈万宁也似乎是"先为私下番事解京，中途脱逃"，而后才成为海盗的。④ 另有一条线索。景泰六年（1455年）十月，"福建审刑刑部郎中夏时正言：福建通番及强贼诸狱，所司多牵于会问，以致淹禁而死。实坐者

---

① 《明英宗实录》卷二一七，景泰三年六月辛巳。

② "谢骞，当涂人，景泰间知府事，为政以锄奸恶翼善良为务。海民通番舶为盗，骞下令随地编甲置牌，牌而设长以统之。复印烙其船，以五六尺为度，听其生理。一时境内盗息民安。"（明）黄仲昭：《八闽通志》卷三八《秩官》，第4a页。

③ 《明英宗实录》卷四三，正统三年六月癸酉。

④ 《明英宗实录》卷一八〇，正统十四年七月己丑。

不足恤，而枉者可悯。请自今凡非反逆重罪、涉勋戚人臣奉特旨者，俱不必会问。都察院谓：时正言可从。宜通行天下诸狱，原发在都布司者但会都布司官，在府卫者会府卫官，在按察司及巡按御史者不必会官，即为问结。当奏请径以闻。如有淹滞，按察司及巡按御史治之。诏从所议。"① 从这则奏议可以看出：通番这类案件和贼匪性质相当，都须经过京外会审，需各级官员参加，迁延日久，嫌犯往往不及审判，便死于狱中（抑或由于福建此类案件较多，不容一一会审）；会审不必赴京，而是由刑部差郎中等官员赴地方处理；此议采纳后，按察司与巡按在地方有最高决狱权。成化七年（1471年）巡按洪性将丘弘敏等人拟罪以奏就是依照上述处理方式。

在禁绝民间贸易的同时，明代在浙、闽、粤各设市舶提举司以保障朝贡贸易。早期，市舶司虽有抽分之制，但多有旨蠲免。

从现有资料来看，正德年间（1506—1521），浙江与福建可能从未如广东一般开放私舶贸易。而嘉靖（1522—1566）初年，官方的贸易渠道也遭到了限制。正德十六年，明武宗驾崩。葡萄牙使团在北京交涉失败，被遣返广州，曾经博得武宗欢心的使团成员火者亚三伏诛。在广东屯门拒不离开的葡萄牙人卡尔乌等与广东水军发生战斗，战败逃遁。嘉靖元年，葡萄牙克亭何船队在新会西草湾与广东水师交战，稍晚前来的多灭儿船队也在遭到围攻后败逃。广东海道副史汪鋐因为两次击败葡萄牙人而为时论所推崇。葡萄牙人则转向浙江双屿和福建漳州地方寻找贸易的机会。嘉靖二年，浙江宁波发生日使争贡之役，中日朝贡贸易受阻。此事件后，曾一度考虑裁撤浙江、福建市舶。直到嘉靖十八年，日

---

① 《明英宗实录》卷二五九，景泰六年十月丁卯。

本才恢复通贡。

嘉靖初年，番舶前往漳州海面进行走私贸易，或者如林富奏疏所说，是因为在广东交易受阻，也可能如张时彻所说，是为了节省税费和运费："商舶，乃西洋原贡诸夷载货，舶广东之私澳，官税而贸易之。既而欲避抽税、省陆运，福人导之改泊海仓（沧）、月港，浙人又导之改泊双屿。每岁夏季而来，望冬而去……"① 广东重开市舶后，各国商船照旧抽分，唯一的例外是佛郎机人被排除于许可的通商国之外。据柯托的《亚洲三十年》，直到1542年，"贴在广州城门上的用金色大字写的'留胡子和大眼睛的人再也不许进中国'的圣旨仍完全有效"。同年，三个葡萄牙人的商船未能通过广州港，他们转而前往泉州（笔者按，因为该书译者倾向于将Chincheo翻译成泉漳，而许多学者认为其单指漳州，所以此处也可能是漳州）。② 此前在广州，番货到岸，抽分入库，官买之外，余者资民交易。民众贸易番货是通过官方渠道，没有违法风险，"故小民持一钱之货即得握椒，辗转交易，可以自肥"③。但在漳州地方，从下海接买到私下收买发卖都属违法行为，即便依托市舶司与琉球贡船的互市贸易也被加以严格管制。与此同时，多有福建居民通番的记载。嘉靖二十一年（1542年），漳州人陈贵等私驾大船通琉球。嘉靖二十三年十二月，"漳州民李王乞等载货通番，值飓风漂至朝鲜；朝鲜国王李怿捕获三十九人，械送辽东都司"。④ 自嘉靖二十三年至嘉靖二十六年短短四年间，

---

① （明）郑若曾：《筹海图编》卷一二《经略二·开互市》"张时彻"条。

② 张天泽著，王顺彬、王志邦译：《中葡通商研究》，华文出版社2000年版，第60页。

③ （明）林富：《巡抚都御史林富奏疏》，载（明）戴璟：嘉靖《广东通志初稿》卷三〇《番舶》第17a—18b页。

④ 《明世宗实录》卷二九三，嘉靖二十三年十二月乙酉。

仅意外漂风至朝鲜的船员（以漳泉人为主）就有千余人，令嘉靖帝感到"有伤国体"，足见此时福建私通日本风潮之盛。

嘉靖二十六年（1547年）六月，在巡按浙江御史杨九泽的建议下（据郑舜功《日本一鉴》，杨九泽之议起于双屿贼匪寇掠闽浙，可备一说），兵部议设巡抚，兼辖浙江、福建。七月，改巡抚南赣、汀、漳都御史朱纨巡抚浙江，兼管福建福、兴、建宁、漳、泉等处海道。十月三十日，"流贼数百由安溪龟湖地方突至本县（同安）东门外，虏劫乡官郭贵德、吴潜家口，并封官刘恭、佥事林希元等家财"[1]。此时朱纨甫上任，自赣州交待后，便往漳州阅视海防，一面等候敕书。虽责仅提督海道，仍行文各道，与巡按御史金城调兵会捕剿灭。此后，朱纨革乡官渡船，严保甲之法，整顿海防，参劾不职，并采取了一系列军事行动。嘉靖二十七年四月，朱纨派福建都司指挥卢镗等攻克浙江通番据点双屿（今浙江舟山双屿），七月，将两港港门填塞完毕。海寇与番商失去据点后四处流窜[2]，一部分流劫福建[3]，一部分复归广东市舶[4]。朱纨在整治闽浙海防时深感沿海各省当一体治理，分割管理往往因职权所限而掣肘，如驻扎漳州时，"漳泉之人稍知避忌，则潜入潮州造船下海"[5]，而接壤广东的诏安府也如同化外。同月，经御史周

---

[1] （明）朱纨：《甓余杂集》卷二《章疏一·剿除流寇事》。

[2] "外夷尚未传闻，突如其来，已失巢穴。故各船漂泊外洋，往来行使［驶］，乘空则劫，警报旁午。"（明）朱纨：《甓余杂集》卷三《章疏二·海洋贼船出没事》。

[3] "审据贼首胡霖等供称贼首许二、李光头等因浙江双屿巢穴扫除，无所归着，又闻军门调兵剿捕，只得调船会合佛郎机夷船，前到泉州大担屿，意图劫掠。又因海道禁严，不敢停泊，复来北茭、罗浮一带，四外打劫。"（明）朱纨：《甓余杂集》卷三《章疏二·海洋贼船出没事》。

[4] "自是西南诸番船只，复归广东市舶，不为浙患"。（明）俞大猷：《正气堂集》卷七《呈总督军门在庵杨公揭二首·论海势宜知海防宜密》，"明别集丛刊"第二辑第六十五册《正气堂全集五种附一种（清道光二十一至二十四年孙氏味古书室刻本）》，第143页。

[5] （明）朱纨：《甓余杂集》卷三《章疏二·冒大讥昧大罪以赞成大计事》。

亮、给事中叶镗奏请，将朱纨由巡抚改为巡视，权限降低，不得过问军民、钱粮、政事。二十八年二月，卢镗率军在诏安走马溪俘获数艘载有葡萄牙人的船只，取得诏安大捷。三月，朱纨上《六报闽海捷音事》，报告了包括走马溪一役在内的一系列剿贼战果，并"差官赍捧钦给旗牌前去，行令卢镗、柯乔会同军卫有司各官，审认见获贼首李光头等，并有交通内应贼犯，就便斩首，分发节年为害地方枭示，候报另奏"。同月，朱纨第三次因病乞休。四月，御史陈九德劾朱纨等擅杀，诏派兵科给事中杜汝祯往勘。五月，朱纨回乡，后编定《甓余杂集》，自撰圹志，十二月卒。①

嘉靖二十六年（1547年），"佛郎机国夷人入掠福建漳州，海道副使柯乔御之，遁去。巡按御史金城以闻，且劾浯屿指挥丁桐及去任海道副使姚翔凤受金黩货，纵之入境，乞正其罪。诏以桐及翔凤令巡按御史执来京究治，防禁事宜，兵部详议以闻。"② 嘉靖二十五年之前数年，葡萄牙人就已买嘱防海官员，在浯屿等处公然交易。《甓余杂集》中收录都察院议覆一则，记载了丁桐与姚翔凤的罪状。"臣（都察院左都御史屠侨）又访得夷人初入境内，未敢肆然直入，先托接济之徒上下打点，方敢入境。臣闻浯屿水寨把总指挥佥事丁桐受伊买港砂金一千两，见被洪惟统告发，按察司提问。及访得先任海道副使姚翔凤贪残无厌，法纪尽隳，得受把总王畿等并卖放番徒田瑞器等金银，已该前巡按御史赵应祥纠劾。"姚翔凤先经考察罢黜，丁桐则经都察院议，发边卫充军。

嘉靖二十九年（1550年）七月，"诏逮巡视浙、福都御史朱

---

① 《明世宗实录》纂修官按语、《弇州史料后集》、《明史》称朱纨仰药死，葡囚伯莱拉则听闻其上吊自杀，克路士亦从此说，据《国朝献徵录》其兄为其纪日之圹志，则称"此志甫就，不意竟卒"，并未提及死因，也可能为病逝。

② 《明世宗实录》卷三三〇，嘉靖二十六年十一月癸巳。

纨至京讯鞫，下福建都司都指挥佥事卢镗、海道副使柯乔狱，论死。先是，纨奏海夷佛郎机国人行劫至漳州界，官军迎击之于走马溪，生擒得贼首李光头等96人，已遵便宜斩首，讫章下兵部，请俟核寔论功。会御史陈九德疏论纨专杀，滥及不辜，法司覆请遣官会勘。上从之，遂革纨职，命兵科都给事中杜汝祯往。至是，汝祯及御史陈宗夔勘上：前贼乃满喇伽国番人，每岁私招沿海无赖之徒，往来海中贩鬻番货，未尝有借号流劫之事。二十七年，复至漳州月港、浯屿等处。各地方官当其入港，既不能羁留人货，疏闻庙堂，反受其私赂，纵容停泊，使内地奸徒交通无忌。及事机彰露，乃始狼狈追逐，以致各番拒捕杀人，有伤国体。其后诸贼已擒，又不分番民、首从，擅自行诛，使无辜并为鱼肉，诚有如九德所言者。纨既身负大罪，反腾疏告捷，而镗、乔复相与佐成之，法当首论其冒功。坐视诸臣通判翁灿、指挥李希贤等罪次之，指挥佥事汪有临、知府卢璧、参将汪大受又次之。拒捕番人方叔摆等四名当处死，余佛南波二者等五十一名当安置。见存通番奸徒当如律发配发遣。于是兵部、三法司再复，如汝祯等言。纨、镗、乔遂得罪，翁灿等下巡按御史提问，汪有临等夺俸有差。纨为人清兼，勇于任事，开府闽浙，首严通番之禁，海中为之肃清。走马溪之役虽张皇太过，然勘官务入其罪。功过未明，纨竟坐忧恐，未就讯，仰药而死，公论惜之。"①

朱纨死后依旧背负罪名，直到万历年间翻案。

据《日本一鉴》，嘉靖四年（1525年）双屿开始成为通番据点，该年福建人邓獠越狱后诱引番夷到此交易。也有史料记载金子老、李光头是最早开拓双屿的海盗。稍晚，许氏兄弟四人勾引

---

① 《明世宗实录》卷三六三，嘉靖二十九年七月壬子。

佛郎机来市。此后，胡霖、林剪、王直、徐惟学等也相继带领番商前来。王直是嘉靖三十年倭乱中势力最大、为患最烈的人物。其本人伏法后，养子王潡（毛海峰）率余党流窜福建，为祸多年。

嘉靖二十七年（1548年）以后，福建地区遭受的历次倭患情况，《筹海图编》卷四《福建倭变记》记之甚详（记载时间下迄嘉靖四十年），参照卷八《嘉靖以来倭奴入寇总编年表》可以看出，福建倭寇的活跃时间滞后于浙江地区，而烈度也呈现此消彼长的态势。无论是朱纨开府时期，还是嘉靖三十一年以后几位总督主持的时期，都是从剿灭浙江海寇入手。每当浙江海防严密之时，海寇、倭寇自然转向军力较弱的福建地区。不同的是朱纨时期海盗多以本国人为主，偶有勾结佛郎机夷入寇者，而嘉靖三十二年以后多勾结日本倭寇（偶有勾结佛郎机的例子，如何亚八、徐铨等），而日本真倭也为数不少。而且嘉靖三十年至四十年的倭寇，入侵规模更大，骚扰频率更繁，持续时间更久，荼毒程度更深，被称作嘉靖大倭乱。

嘉靖二十七年，走私据点双屿被官兵攻陷，许二残党流窜福建地方，七月与倭合艘，随被讨平。此后闽广一带除嘉靖三十三年（1554年）何亚八、郑宗兴、徐铨（徐惟学）曾一度勾结佛郎机夷流窜海滨，后被提督侍郎鲍象贤、总兵蒋传讨平外，别无他事。直到三十四年年末，福建倭患的记载变得密集起来。

嘉靖三十八年以后，浙江倭寇基本荡平，而福建动乱仍烈。福建寇盗，"半系土著"，山贼、海贼均有，复有广东饶平等地贼众频繁骚扰。嘉靖四十二年四月，戚继光率浙兵入闽，与刘显、俞大猷大破倭于平海卫，斩首二千二百余[①]，九月，洪泽珍（洪

---

① 《明世宗实录》卷五二〇，嘉靖四十二年四月丁卯。

迪珍）伏诛。四十五年，广东巨寇吴平在闽广官兵的合力追击下覆灭。嘉靖年间的寇乱告一段落。

朱维幹在《福建史稿》列有"嘉靖年间福建沦陷府县卫所表""嘉靖年间倭寇侵犯福建府州县城寨堡表",[①] 较为明了地呈现了福建各地遭受寇乱的情况。

万历十六年（1588 年），丰臣秀吉海贼禁令的颁布，也是日本倭寇减少的原因之一。[②]

隆庆年间，海澄开海，东南一带拥有了合法出洋贸易的途径。海澄原名月港，其设县之经过[③]，崇祯《海澄县志》记之甚详。

隆庆元年（1567 年），海澄开放海禁，准放东西二洋。据万历元年（1573 年）刊刻的《漳州府志》，隆庆六年，漳州知府罗青霄议复设税课司，商船、海船一体抽盘。呈详抚按，行分守道参政复议，"于南门桥柳营江设公馆，轮委府佐一员督率盘抽"。抽税"俱照赣州桥税事例，酌量抽取"，各货物税则也有详细规定。[④] 所参照的赣州税关为正德六年（1511 年）都御史陈金题设，以船票、商税两种方式征税。[⑤] 万历三年，巡抚刘尧诲"请税舶以充兵饷，岁额六千"[⑥]，万历十七年，巡抚周寀议定水饷、陆饷、加增饷。嘉靖三十年（1551 年），在月港设靖海馆。嘉靖四

---

① 朱维幹：《福建史稿（下）》，福建教育出版社 2008 年版，第 180—182 页。

② （日）田中健夫著，杨翰球译：《倭寇——海上历史》，社会科学文献出版社 2015 年版，第 128 页。

③ 嘉靖九年，巡抚胡琏议于海沧设安边馆，以通判管其事，为该地区最早设置的行政机构。

④ （明）罗青霄修，谢彬纂：(万历元年)《漳州府志》卷 5《赋役志》。

⑤ 李庆新：《地方主导与制度转型——明中后期海外贸易管理体制演变及其区域特色》，《学术月刊》2016 年第 1 期，第 21—30、48 页。

⑥ （明）梁兆阳修，蔡国祯、张燮等纂：(崇祯)《海澄县志》卷五《赋役志二·饷税考》，"稀见中国地方志汇刊"，第 2a 页。

十二年，同知邓士元将靖海馆改建为海防馆，由海防同知管理。万历年间，改海防馆为督饷馆，天启七年（1627年）毁于贼。

海澄获准贩洋之后，中左所所在的厦门也因为处于内港航道必经之地而变得繁华。商船出海须经厦门司盖印，并以浯铜游盘诘。由督饷馆出发的商船经过一潮到达圭屿，再经半潮到达中左所，船只盘验后可以停靠曾家澳（今厦门曾厝垵）以等待合适的风向开洋，行二更至担门后分东西二洋。① 直到万历四十四年（1616年），在推官萧基《恤商厘弊十三事》的建议下，这项规定才最终废止。② 海澄设县之初，漳州官员就考虑将厦门纳入漳州府的管辖范围。1592年，漳州府派人到岛上巡逻，泉州府视此为对其管辖权的侵犯。1594年，泉州府的官员提议以泉州府管辖前往东洋的商人，而漳州府分管西洋。如此，厦门将成为新的督饷馆的所在。这一计划在漳州官员的反对下搁浅。③

隆庆年间（1567—1572），闽广一带依然有不少海盗活动。势力较大的如曾一本、林道乾、李茂等，还有后来的林凤。隆庆六年八月，林凤党羽尚不过五六百人。④ 万历元年，两广提督殷正茂命将提兵据险，以待海盗林凤、朱良宝。万历二年二月，林凤骚扰潮惠，挟求招抚，不许。三月，朱良宝覆灭。十月，林凤由澎湖逃往台湾魍港，被广福总兵胡宗仁、参将呼良朋追击。⑤ 1574年11月30日晚（万历二年十一月），马尼拉遭到一伙海盗进攻。司令官萨尔西多驰援。袭击者正是中国海盗林凤。在第二

---

① （明）张燮：《东西洋考》卷九《舟师考·内港水程》，第2a页。
② （明）张燮：《东西洋考》卷七《饷税考》，第8a页。
③ （新加坡）吴振强著，詹朝霞、胡舒扬译：《厦门的兴起》，厦门大学出版社2018年版，第50页。
④ 《明神宗实录》卷四，隆庆六年八月庚辰。
⑤ 《明神宗实录》卷三〇，万历二年十月辛酉。

次进攻受阻后，林凤在彭加斯兰立寨自守。萨尔西多随后率领250名西班牙人与1500名菲律宾人组成的部队将其围困。数周之后，把总王望高从泉州前来，寻找林凤的下落，随即在马尼拉会见了殖民地长官拉维扎列斯。拉维扎列斯交给王望高一些在彭加列斯获得的中国俘虏，并保证将林凤交给中国，不论死活。王望高十分高兴，接受几位西班牙使者同往福建。然而1575年8月2—3日（万历三年七月）晚，林凤利用小船从河道逃往大海。①万历三年十一月，《实录》记载林凤重新在中国海域活动，流劫柘林、靖海、碣石等处。② 林凤的逃脱、殖民地长官的更替以及王望高贪婪恶劣的行径使得西班牙人在中国获得通商据点的企图落空。

1575年7月，修士马丁·德·拉达率领西班牙使团在来自泉州的把总王望高的陪同下由马尼拉乘船来到福建。拉达、王望高一行驾船经过漳州河口时，与试图争功的漳州军官发生了些许摩擦，随后驶向了厦门岛。"那个港的入口是壮观的。除了能够容纳大量的船外，它很安全，清洁而且水深，它从入口处分为三股海湾，每股海湾有很多船扬帆游弋，看来令人惊叹，因为船多到数不清。"③ 他们登岸的地点离中左所城不远，传教士们拒绝了轿子和马匹，坚持步行前往。"中左所是一个漂亮的新镇，有4000户，一直驻有1000戍军。四周是大而坚固的墙，城门用铁皮加固；所有房屋的屋基使用石灰和石头，石灰和泥土筑墙，有的用砖。房

---

① （英）博克舍：《导言》，载（英）博克舍编注，何高济译：《十六世纪中国南部行纪》，中华书局1990年版，第21—23页。
② 《明神宗实录》卷四四，万历三年十一月丙辰。
③ （西班牙）拉达：《出使福建记》，载（英）博克舍编注，何高济译：《十六世纪中国南部行纪》，中华书局1990年版，第173页。

屋内构筑良好，街道平宽，都铺整齐。"①

中国与菲律宾地区有文字记载的交往历史可以追溯到 11 世纪宋真宗时棉兰老的蒲端国遣使来华。赵汝适所著《诸蕃志》中就有赴菲贸易的详细记载。永乐时，郑和下西洋，曾访问吕宋诸国。永乐十五年（1417 年），苏禄国王携亲眷来华。但是明代的中菲贸易直到西班牙人从墨西哥带来大量白银以后，才达到了一个新的高度。

除了肉桂，西班牙人在菲律宾并没有发现有利可图的商品。于是他们希望从中国商人那里获得日常用品以及瓷器和丝绸。隆庆末年，西班牙人通过保护和安抚华商、送回华人奴隶的手段招徕中国商人，并且一直寻求如葡萄牙人一般获得一个可以直接进行贸易的港口。即便在林凤事件之后，西班牙人依然进行了不少传教与请求开设贸易港口的努力。

福建地区赴菲律宾贸易的规模是可观的。万历十七年（1589 年），福建巡抚周寀议定东西洋船引共 88 只，其中吕宋最多，为 16 只。但实际上驶往菲律宾的船只远超此数。据张彬村根据 *The Philippine Islands* 所载数据列出的统计表②，到达菲律宾的中国帆船航次在 1582—1588 年间有明显增长，在 1588 年达到 44 艘，虽然 1589 年锐减。之后五十年间赴菲华船数多有起伏，但多超过 16 只之数。

中国商人赴菲律宾的主要贸易目标是白银。墨西哥总督马丁·恩里克斯在 1574 年致国王的信中写道："他们对黄金和白银

---

① （西班牙）门多萨著，何高济译：《中华大帝国史》，中华书局 1998 年版，188 页。

② Chang, Pin-Tsun, *Chinese Maritime Trade: The Case of Sixteenth-Century Fu-Chien (Fukien)*, PhD thesis, Princeton University, p. 364.

[的追求]是那样热切，以致不接受其他东西[作为交易手段]。"① 因为从吕宋返回的商船多携带银两而几无其他货物，无陆饷可抽，"故商人回湾征水陆二饷外，属吕宋船者，每船更追银百五十两，谓之加征。后诸商苦难，万历十八年（1590年）量减至百二十两"。②

1602年，荷兰东印度公司成立。据《台湾省通志》，公司以韦麻郎（Wybrant Van Warwick）统帅船队，于1602年6月由荷兰驶出，途经南洋各地，寻求通商。1603年6月，韦麻郎自率诶拉斯姆、那少两船，途经马来半岛东岸到达澳门，因葡萄牙人阻碍，未能达成互市而返。

1604年6月，复由班丹出发，8月7日（万历三十二年七月）登陆澎湖。③ 先是，漳州商人李锦、潘秀、郭震等劝诱荷兰人来漳州互市。而荷兰人也希望如葡萄牙人一般，获得一个开市的港口。潘秀等代呈国书，请为市。称"渠锦囊所载，旧浯屿元系彼国通商处所，乞修故事"④，可能是根据航海图或旅行指南之类的文献，认为浯屿是曾经的交易场所。嘉靖二十年（1541年）稍晚，葡萄牙人确曾据此地进行走私贸易。荷兰人来澎湖不久，"材官詹献忠捧檄往"，未尽其职，"乃多携币帛瓜酒觊其厚偿"。"海滨人又有潜装华货往市者"。其时，税监高寀认为互市"幸而成，为利不赀"，托其朋党大将军朱文达向上级佥言荷兰勇武，称剿之不如许之。自己也派遣"亲信周之范驰诣海上，与夷订盟"，许诺

---

① 黄滋生、何思兵：《菲律宾华侨史》，广东高等教育出版社2009年版，第38页。
② （明）张燮：《东西洋考》卷七《饷税考》，第2b页。
③ 李汝和等修：《台湾省通志》卷三《政事志·外事篇》第一章，台湾省文献委员会1971年版，第4b页。
④ （明）张燮：《东西洋考》卷八《税珰考》。

代为奏请，并索饷税二万两。周之范偕九名荷兰头目与通事准备回船时恰逢沈有容到彼，乃止。对于荷兰人求市一事，福建抚按下布按府县议，皆言当驱之，不则剿之。于是奏称，"红番闯入内洋，宜设法驱回，以清海徼。勾引奸民潘秀、张嶷等均应究处"，一面移檄参将施德政往剿。此后檄禁沿海，整兵料罗，沈有容先行往剿，继而谕之，荷兰人最终退出澎湖。

某种程度上说，荷兰人请市失败是受到了西班牙殖民者屠杀吕宋华人的负面影响。[①]

万历三十五年（1607年），荷兰人马提力（Cornelis Mateliet）再至沿海请求互市，无果而终。[②]

1622年6月，荷兰舰队司令雷尔生（Connelis Reijerson）率舰队攻打澳门，失败。随后按照巴达维亚总督事先制定的计划于6月底抵达澎湖，7月在台湾渔民的带领下巡航该岛勘察。8月初，决定将据点建在澎湖列岛西南突出端，既可以扼制漳州航路，又方便驶往台湾安平。8月7日，遣麦勒德尔特（Hans Van Meldert）率三艘船前往漳州，向福建官员递交一封中文信函，要求准许贸易和寻找适当地方驻扎。该信为某将领友好地接受并许诺稍后给予答复。9月29日，Ongsoepy率四艘戎克船到达，随行的还有经营马尼拉贸易的洋商Wangsan、巴达维亚船主Hongtay及一名随从。他们带来了福建巡抚商周祚等的通告，婉言谢绝了荷兰人的请求，并要求荷兰人在皇帝获悉并派兵之前毁城远徙。双方各不退让。荷兰一方因此向中国宣战。Wangsan和

[①] （明）徐学聚：《报取回吕宋囚商疏》，载（明）陈子龙辑：《明经世文编》卷四三三，中华书局1962年版。

[②] 李汝和等修：《台湾省通志》卷三《政事志·外事篇》第一章，台湾省文献委员会1971年版，第5a页。

Hongtay写信给巴城的中国人头领（包乐史认为是甲必丹苏鸣岗）请其劝说荷兰人放弃战争。

关于如何获得通商的机会，至晚在1622年9月以前，东印度评议会确曾获得巴达维亚中国人中肯的意见，"据这里的中国人讲述，一旦我们在中国沿海公开与中国人发生战争，只会给我们带来麻烦，不会使我们获得贸易准许，因为我们在与中国咫尺相隔的澎湖建堡将引起中国人的极大反感。同时他们认为，也将有许多人私下前往澎湖与我们的人贸易，运去各类货物"。但是东印度评议会显然过于心急，虽然库恩声称他们经历了"二十多年来友好地请求"（显然自万历三十二年算起），但他们也许不了解他们的对手葡萄牙人获得居留地是进行了多久的尝试和凭借怎样的侥幸。出发的所有船只只带有18个月的给养，以银币、胡椒、苏木作为货物，他们同时受命截击所有赴马尼拉的商船，海盗的倾向性明显高于商业性。评议会决定，"为节省时间，一旦中国人不做任何反应，我们不能获许与中国贸易，则诉诸武力，直到消息传到中国皇帝那里，然后他将会派人到中国沿海查询我们是什么人以及我们有何要求"。

在接到撤出澎湖的要求后，"司令官（Reijerson）因奉有总督的命令固守澎湖岛，以为既然如此，则除进攻加以威吓外，无他办法，乃于十月中旬（据《东印度航海记》，为10月18日）遣派八艘舰队（后其中三艘因为风暴离队），令凡纽罗地（Van Nieuwenroode）指挥，然而除在厦门附近烧毁击沉中国战船及商船七八十艘外，并无重大效果"。[①] 五艘船首先进攻了厦门的虎头山下的港湾。此次战斗荷兰人摧毁了80艘帆船，其中包括26艘战舰。

---

① 郭辉译：《巴达维亚城日记》第一册，台湾省文献委员会1989年版，第8—13页。

俘虏80人，缴获60门炮和许多武器。11月26日，他们派120人扫荡鼓浪屿。"该岛上有两座美丽的村庄，许多漂亮房舍。经营马尼拉贸易的中国巨商Eisan和Wangsan即住在岛上。所有出入的帆船均在此地装卸货物"。荷兰人在洗劫了富商的住宅后将房屋与船只都付之一炬。商务员凡纽罗地即搭乘由邦特库任船长的Groningen号，故邦特库之《东印度航海记》对于此间的侵略行径有细致的记载。他们抢掠村庄，烧毁或劫夺商船，将俘虏送往澎湖作为苦力筑城。1622年12月7日，Groningen号装运各种掠夺来的必需品自漳州返航澎湖，但随后遭遇了北风，直到1623年5月11日才终于返回。

1623年9月26日，福建方面发布了澎湖与北港的禁航令。

为此，澎湖评议会决定取消停战。10月25日，以佛朗森率领Groningen，de Sampson，Erasmus，Muyden四艘船封锁漳州湾。28日，到达了"那个有宝塔的岛"（圭屿，今称鸡屿）[①]。经一名商人和一名隐士牵线，荷兰人与都督进行了多番书信往来。Muyden和Erasmus两船于11月14日出发，次日到达厦门，准备订立协议。两三天后，都督提出了一个令荷兰人认同的协议。

[①] 《巴达维亚城日记》中记载四艘船停泊之地为Pagade岛，程绍刚认为是浯屿。邦特库《东印度航海记》则指出为曾到达的"那个有宝塔的岛"。浯屿的说法出自道光《厦门志》，源出池显方《晃岩集》。《晃岩集》中所收《赠大将军谢简之平红夷序》，中有"今秋移海上，适夷至浯，有请用间者"，"次月，复至浯，始用间……是夜擒其酋，火其舰"等语。1623年8月28日及11月17日，荷方代表两次面见都督谢隆仪，而谢应在当年秋季刚驻节厦门。此处浯或许并非指浯屿，而是内迁厦门的浯屿水寨。如非荷兰人登陆谈判，而是停泊海上浯屿，何以用间？如邦特库所记"有宝塔的岛"无误，如前所述，殆为圭屿（今鸡屿）。浯屿上并没有塔。圭屿之塔应该建于万历末年。崇祯《海澄县志》载周其元所作《圭屿建塔募缘疏》，其中有"请于景源袁使君主持宏议，特允所请，刻期经历，以去岁某月诹吉鸠僝，因高就胜，骎骎乎有凌云之势……"等语，则周起元作该文之时，塔已稍具规模。而景源即袁业泗之字。袁业泗于万历四十年接替闵梦得任漳州知府，并修《漳州府志》（万历四十一年刊刻），塔当建于此前后。

17日，高级商务员佛朗森与船长受邀登陆会见都督，在协议上签字。船员们受到款待，Erasmus 船长雷乌斯感到不安，带领船员返回。晚上，中国人将毒酒食送上 Erasmus，水手们因此吐泻不止。Muyden 派去接回代表的小船迟迟不回。凌晨四时，荷兰人发现多达 50 条火船驶来。Muyden 着火爆炸，Erasmus 侥幸得脱，与赶来查看情况的 Groningen 会合。

此一役后，厦门人池显方为总兵谢隆仪赠诗一首《十月廿六日大将军谢简之焚红夷巨舰一只斩擒六十名喜赠》。农历十月廿六日相当于 1623 年 11 月 18 日。其中"夜半鞭风黏首尾"指战斗发生在夜间，"镕其铜炮如镕冰，烧其铁叶如烧纸"等句以文学笔触描绘了火攻的场景，"姑宽一面放残生"指有敌人脱走。[①] 另池显方所作《赠大将军谢简之平红夷序》以褒扬的倾向描绘了谢隆仪定计与用间机宜等细节。此外也谈及前任官员商周祚赏格"一发万金"，徐一鸣"一日三枭"（斩首违纪将兵）等事。此役之后，"有争勋者"，谢隆仪以尚待捣彭劝止。对于之前商周祚巡抚任内同荷兰人或谕或战的对垒，池显方也留下了宝贵的追述。

第二节　清初迁界与厦门的持续繁荣

针对郑氏集团依靠海洋发展形成了强大的割据势力，清廷采取了遏制政策。清廷了解到走私活动是郑氏集团赖以生存的重要财政来源，于是在顺治十三年（1656 年）颁布禁海令，规定福建

[①] （明）池显方：《晃岩集》卷三《七言古诗·十月廿六日大将军谢简之焚红夷巨舰一只斩擒六十名喜赠》，厦门大学出版社 2009 年版，第 83—84 页。

沿海要确保切断对郑氏的一切物资与商品供应，甚至不惜提出极端的迁界政策。康熙登基后，要求福建沿海更加严厉地推行禁海令。由于厦门被武断地划到了界外，反而使得郑氏更加依赖于厦门，郑氏的海外贸易也更加集中到厦门，东亚及东南亚国家"凡中国各货，海外人皆仰资郑氏。于是通洋之利，唯郑氏独操之，财用益饶"。

在严厉的禁令之下，被阻绝的往往是循规蹈矩的小商人，敢于冒禁的郑氏及其追随者则多能收获更多的利益。尤其是官僚阶层被腐蚀后，他们往往变通性地执行朝廷政策，有时还打着关心当地民生的旗号，对窝藏、接济、通番等行动采取默许乃至纵容的办法。福建总督范承谟1673年奏报说，走私物品如造船物料、丝绸、棉布，都大规模地被运进运出，他发现从事这些走私贸易的商人已经规模化、集团化，显然这是获得了官方的首肯才能成事的贸易活动。确实，在厦门沿海，许多有头有脸的退职官僚和大商人早已形成了攻守同盟。

因为走私活动既要求庞大的资本投入，还要雇佣大量的人力，而闽南地区日益增长的庞大人口刚好填补了这方面的空缺，即使清廷强力迫使沿海人口内迁，并警告沿海商人们将贸易转移到海澄，也没能削弱厦门的商业地位。

郑氏集团周围团结了一大批或具有政治背景的官员，或具有经济实力的商人，他们组建的船队可以航行于东西洋，厦门是他们进出的便捷港口。船主投资的份额大，船员入伙成为股东，一些幕后投资者往往将货物附搭在他们的大船上，运回厦门的外国商品种类繁多，包括不同类型的布料、红糖、安息香、藤黄、燕窝、苏木、铅、锡、象牙、海参等。① 这些进口商品由走私商分销到全国。

郑氏通过海陆各五行构建起巨大的商贸网络，其中陆五行总部设在杭州，负责从杭州和苏州收购丝织品和棉布，并把这些货品运到厦门，海五行则设在厦门，他们的任务就是把内地的商品售卖到台湾和海外各国。

除了这十行之外，还有一些依赖借贷资本起家的零星商家，他们借贷的数额从几万到几十万两银子不等。② 商人们可以用这笔钱从苏州和杭州购买丝织品，运往厦门卖给郑氏集团。

在郑氏集团占据厦门期间，厦门已经成为福建出海帆船的中心，这时，所有与郑氏集团有生意往来的外国商人也在厦门港停留。当郑氏退守台湾之后，外国船只也纷纷由厦门转往台湾。康熙十三年（1674年）郑氏武装重新夺得厦门后，英国船和那些从万丹、暹罗以及安南来的船只重新停靠到厦门。③

康熙十九年（1680年），清王朝停止迁界令，康熙二十三年，朝廷批准取消海禁。厦门成为官方认可的福建全省帆船与南洋贸易的指定港口，清廷在此设立海关，以及其他军事和民事行政机构，这样厦门作为福建海运中心的地位得以合法化，这与施琅、蓝鼎元等闽籍官员的进言是分不开的。

康熙二十四年（1685年），施琅的一份奏报说：往海外的洋船数量已经不计其数，他们大多只携带少量的资金和货物，但移民数量却大增，其中有一艘驶向吕宋的船只就载有133名乘客。施琅希

---

① 《明清史料丁编》，第289a—299a页。

② 《明清史料己编》，第567a页。

③ （新加坡）吴振强著，詹朝霞、胡舒扬译：《厦门的兴起》，厦门大学出版社2018年版，第57页。

望在清廷的支持下，限制小型船只，而由官方认定符合条件的大型船只去往南洋从事商品货物贸易，增加清廷的税收收入。施琅的建议得到了清廷的认可，其后几年，只准许有一定身家的申请者出洋。①

施世骠的《东洋南洋海道图》（1712—1721）中标明了浙江往南到海南岛的一系列港口，在厦门港的对外航线中，则包含直航日本九州岛的东北航线，直航菲律宾吕宋港的南偏东航线，驶向安南、暹罗、马来亚等国的西南航线。通过这些航线，交趾的丝绢、金、红铜，文莱的珍珠、稻米、苏木，暹罗的稻米、玳瑁、象牙、燕窝、乌木、船料等被运进厦门，由厦门运出的则有丝绸、瓷器、茶叶等，商船上还时常搭载若干乘客，他们在侨居国定居下来，成为华侨。到鸦片战争前，东南亚的福建华侨已达60万人，其中大多数是从厦门出洋的。

据王庆成统计，1684—1700年，英国东印度公司来华商船15艘，到厦门10艘，不过，1701—1710年，来华商船29艘，到厦门的只有7艘，到广州的11艘②，广州进口的数量超过了厦门，显示出越来越明显的优势。施世骠担任福建水师提督期间，来厦门的英国船只进一步减少，这在吴英的文集中也有所反映。到康熙五十六年（1717年），则有了南洋禁航令，主要是针对福建海盗势力而起，不过10年之后的雍正五年（1727年），这一禁令被取消。但到乾隆时期，广州一口面对西方的政策再出台，广州的领先优势就更加明显了。

厦门的繁盛在当时福建地方官员和广大海商的努力下，还是基本得到了维持。《清朝柔远记》中说：雍正五年之后，由于海禁渐弛，"诸国咸来互市，粤、闽、浙商亦以茶叶、瓷器、色纸往

---

① （清）周凯等纂：《厦门志》卷五，页五。
② 王庆成编著：《稀见清世史料并考释》，武汉出版社1998年版。

市"。厦门依然维持着对外出口港和国内沿海贸易港的地位。康熙时期郁永河的《裨海纪游》也标示了康熙中期厦门海外贸易的若干条航线,包括厦门到日本七十二更,厦门至东京七十更,厦门至吕宋七十二更,厦门至交趾七十二更,厦门至苏禄一百四十更,厦门至暹罗一百八十更,厦门至大年一百六十更,厦门至柔佛一百八十更,厦门至马六甲二百四十更,厦门至咬留吧二百八十更等。[①]

法国传教士杜赫德的《大中华帝国志》中说:"厦门是一个著名的港口,一边倚着岛屿,高出地平,什么样的海风也能十分安全地停靠到海岸上,任何时候,你都能在这里看到数量庞大的中国帆船。二十年前,你还可以看到其中有很多欧洲船只掺杂其间,现在它们偶尔还会来这里,但所有的贸易都移到广州去了。"道光十二年(1832年),德籍传教士郭士立这样描述厦门:"厦门的面积相当大,居民至少有二十万,街道狭窄,庙宇众多,有几座大房子都是富商的产业,由于港口良好,厦门早就成为中华帝国最大的商业中心之一,又是亚洲最大的市场之一。……他们有一种进取心,为了赚钱谋生,走遍帝国各地,逐渐成为勇敢的水手,有的人还定居沿海各口岸,变成商人。这样他们便开拓了台湾,从当时起直到如今,台湾成了他们的谷仓;他们还前往东印度群岛、印度支那和暹罗,并在那些地方定居下来。……不论就它的位置、财富或是出口的原料来说,此地无疑是欧洲人前来贸易最好的港口之一。"

从上述事实看,清初清郑对峙期间,厦门依然保持着持续繁荣的局面。待到康熙以后厦门港口贸易的合法化之后,厦门的发展则纳入官方体系,呈现出另外一番景象。

[①] 周翔鹤:《胸中的航海图——郁永河〈裨海纪游〉手绘"宇内形势图"研究》,《海交史研究》2014年第2期。

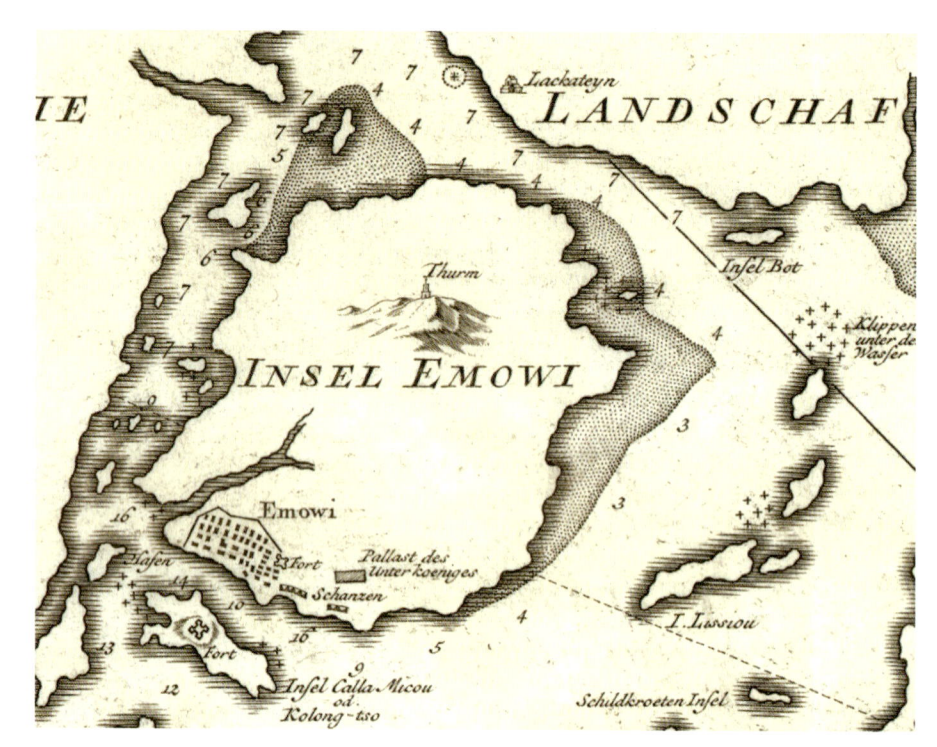

1753年德文版《航海旅行记》中的福建沿海地图（局部）。图中以"Emowi"标识出厦门岛并对港湾周边以描绘，鼓浪屿标识为"kolong－tso"。香港科技大学图书馆收藏

第三节　清海关、洋关体制下的厦门

一、闽海关体系中的厦门正口

1684年，清廷解除海禁，并于同年在福建和广东设立海关，第二年又设立了浙海关和江海关。海关的建立既体现清廷对沿海

地区的行政管理和政策执行,也在一定程度上反映出当时海上贸易和海洋经济的发展。

《福建通志》载:"督理海关,康熙二十三年设。初用满、汉二员,分驻南、厦,二年一易。后专用满员,一年一易。雍正元年裁并巡抚,七年复设,旋裁并将军。"① 这段记录告诉我们,早在 1684 年闽海关设立之初,厦门就处在清朝建立的海关体系之中,而厦门当时的行政级别并不高,仅仅是同安县之下的一个里(嘉禾里),却有监管海关的官员驻留,无疑显示出厦门在清代海关体系中独特而重要的地位。

若想更好地分析和理解厦门关口在清海关体制下如何运转和发挥职能的,我们要对清代的海关体制和闽海关的设立情况稍作梳理。按照清朝的体制,全国都设有税关,设在沿海四个省份(闽、粤、江、浙)的四个税关被称为海关,归户部管辖。海关负责管理沿海及对外贸易。需要注意的是,海关体制其实是由两部分组成的,分别是它的行政总部和实际港口,前者是海关的总衙门,后者是征收关税的口岸。

清初设立闽海关时,曾于福州、厦门两地设有海关衙署,两名督理海关,一满一汉,这种设置持续到康熙二十八年(1689年),次年起改为专用满员。马士的《东印度公司对华贸易编年史》中提到,1684 年 12 月"快乐号"离开后,厦门设置了海关,而"中国商人号"1685 年 7 月 29 日抵达厦门时,旧时的英国商馆已改为海关。② 也就是说,厦门的海关建于 1684 年 12 月至

---

① (清)陈寿祺等撰:《福建通志》卷一〇七,页二十一,华文书局 1968 年版,第 2053 页。
② (美)马士著,区宗华译:《东印度公司对华贸易编年史(1635~1834 年)第一、二卷》,中山大学出版社 1991 年版,第 56—57 页。

1685年7月之间。学者们根据《康熙起居注》《明清史料》《华夷变态》等文献中的记载,指出福州海关设于康熙二十三年十月,是闽海关所在,厦门的海关衙署其实是在康熙二十四年才获准正式设立的。① 总结来说,闽海关的行政总部,即总衙门于1684年设在福州,厦门的海关衙署设于1685年。1685—1689年间,闽海关存在两个海关衙署,一在福州,一在厦门。

表4-1 1684—1690年的福建督理海关任职情况表

任期	官员及其官职		职官设置
1684—1685年（康熙二十三年至二十四年）	吴世把（户部郎中）	张浚（兵部主事）	初用满、汉二员,分驻南、厦
1686—1687年（康熙二十五年至二十六年）	索理（户部郎中）	史起贤（工部郎中）	
1688年（康熙二十七年）	都熹（刑部郎中）	金汉元（大理寺丞）	
1689年（康熙二十八年）	殷达理（礼部员外郎）	汪世英（刑部员外郎）	
1690年（康熙二十九年）	朱成格（内务府员外郎）		此下专用满员

注：表格资料引自同治版《福建通志》。

虽然闽海关最初不是在厦门设关,但并不代表厦门在海上贸易中的地位不重要。相反地,据《康熙起居注》二十四年四月二十二日"抽税郎中吴世把请于台湾、厦门建立衙门抽税等因,仍推行"② 的记录来看,吴世把是在福州海关上任后,才进一步提议建立厦门海关衙署的,并且明确指出是为了抽税等原因,从侧面反映了厦门海关衙署的设立与东南沿海贸易活动的繁荣直接相

---

① 陈希育：《清代前期的厦门海关与海外贸易》,《厦门大学学报（哲学社会科学版）》1991年第3期,第111页。邱普艳：《从道光〈厦门志〉看清朝前期的厦门海关》,《中国地方志》2010年第2期,第46—47页。

② 中国第一历史档案馆整理：《康熙起居注》第二册,中华书局1984年版,第1322页。

关，是从海关关务的具体情况出发，对闽海关体制所做的调适和优化，符合海禁解除后实际形势的需要。

闽海关以福州海关为行政总部，辐射出包含多个港口的海关口岸网络。到乾隆十一年（1746年），闽海关设有南台、厦门、泉州、涵江、铜山、宁德等主要口岸。① 厦门作为主要出入港，被称为"正口"或"总口"。《厦门志》卷七载："厦门为通洋正口……凡商船越省及往外洋贸易者，出入官司征税。"② 福建总督高其倬的奏折中，也明确写道："福建厦门地方为福建通省洋船出入总口。"③ 闽海关所征收的钱粮中，厦门关口占一半以上，一年征收税银超过105000两。④ 可见，厦门海关为闽海关贡献了巨大的税额，在闽海关体系中地位突出。

福建总督高其倬在奏折中指出，厦门为福建通省洋船出入总口

---

① 《大清高宗纯皇帝实录》卷二七九，页十八。
② （清）周凯等纂：《厦门志》卷七，页一。
③ 中国第一历史档案馆编：《雍正朝汉文朱批奏折汇编》第十四册，福建总督高其倬雍正七年正月二十日折，江苏古籍出版社1991年版，第381页。
④ （清）周凯等纂：《厦门志》卷七，页三。

二、厦门海关的职能与管理

厦门海关的正口设在岛美路口，又被称为"大馆"，由于临海，交通十分便利，南面通向大担，向西可达漳州，北面则至同

今日沙坡尾

安。大馆有十余间房屋，距位于塔仔街张厝保的衙署六里。闽海关设两名海关监督时，在厦门的海关监督便驻居该衙署。《厦门志》云："自归将军管理，委员一人住正口，总办四小口，就近稽查。小事禀委员主裁，大事由委员请示将军。"[1] 福州将军是满员，其驻地在福州，这段记录反映了闽海关在专由满员管理后，厦门正口的事务由福州将军委派专人负责，就近管理4个稽查口岸，受委派的专员根据事务的重要程度选择自行定夺或向福州将军

---

[1] （清）周凯等纂：《厦门志》卷七，页五。

请示。《厦门志》又载:"凡外洋、渡台、南北商船出入,到关请验。米粟书籍免税,余皆照则例征收。其外来洋船,委员亲临封仓,按货课税。商船则遣人丈量浅深,计算多寡,分别征饷。自本地出者,挑赴正口大关报税,给青单放行,谓之出水。"[1] 总的来看,对洋船的管理是最受重视的,专员会亲自到场,按货征税。

正口之下又设有发挥不同功能的较小口岸,称为"小口",按其职能可分为三类,即:稽查口岸、清单口岸、钱粮口岸。其中,上面已经提到的稽查口岸距离正口最近,仅仅隔水相望,分别为浦头、玉洲、澳头、石浔,都设有哨船游巡,这类稽查口岸不负责征税,专门稽查透漏。第二类是清单口岸,即厦门港、鼓浪屿、排头门,负责验明货物,发给清单,然后押赴正口征税。厦门港小口设于海沙坡(今沙坡尾),进入厦门港的海船要先在此处验明,金门、烈屿、浯屿、岛美各渡的货物也在这里查验;鼓浪屿小口设于鼓浪屿后内厝澳,负责验明自石码、海澄等漳州小船运来的货物;排头门设于厦门西北牛家村(今东渡一带),同安、内安、澳头、鼎尾的货物在此稽验。这三个小口分别距离正口二里、十里、二十里。第三类是钱粮口岸,是石码小口和刘五店小口。前者设在龙溪县属石码街,距正口百余里,查验漳浦、龙溪运泉州的各种水陆货物;后者设在同安,距正口七十里,查验金门、烈屿、大嶝、小嶝、后浦及本地的各种水陆货物,一些不进正口的货物就在这两个小口征税。[2] 一幅描绘19世纪初厦门及其周边地区的地图,较为直观地展示了当时厦门海关部分口岸的分布情况,地图中还可以看到海关、厦防厅、兴泉永道和厦门港各渡头的位置。

---

[1] (清)周凯等纂:《厦门志》卷七,页五。
[2] (清)周凯等纂:《厦门志》卷七,页四—页六。

1810年的厦门岛及其周边地区（局部）。香港科技大学图书馆收藏

总体来看，厦门海关下设小口的分布位置充分反映出各类口岸功能的专业性和所管理区域的针对性。钱粮口岸离正口最远，查验和征税的对象是由水路和陆路途经厦门的货物，主要针对闽南地区的本地贸易。清单口岸离正口的距离较近，与海上贸易直接相关，以便挂单后赴正口征税。金门、烈屿、浯屿等处是出入外洋的必经之地，厦门港小口在很大程度上服务于海上贸易，鼓浪屿小口和排头门小口则各自连接起与漳州、泉州的贸易和运输，在一定程度上起到了连通南北的作用。稽查口岸离正口和衙署最近，本身不负责征税，而是通过稽查来防止透漏，其监管和控制的属性更为明显。通过验明货物、给单放行、征收关税的一整套程序，加上巡哨稽查，清廷试图通过海关以相对规范化的手段来管理海上贸易，增加税收。厦门海关作为其中的重要组成，既是

闽海关体系运行的重要部件,也为厦门作为东南一大海港在清代的崛起发挥了不可忽视的作用。

三、海关体制下的厦门海外贸易

厦门海关除了负责查验出口商品、征收关税、稽防透漏之外,还对厦门的海外贸易进行全面管理,相关事务主要包括三方面:监督民间造船,管理出洋商船,利用关税手段执行一定的商品政策。①

康熙四十二年(1703年)规定,无论商船、渔船,还是客货小船,建造前都必须呈报州县,只有亲自出洋并获得担保的殷实良民才能获得造船许可。② 康熙五十九年,官方进一步要求出洋商船初造时,除了报告地方官外,也要向海关监督报明。③ 在出洋商船的管理方面,海关根据梁头尺寸征收船税④,为了鼓励某些商品的进口,官方还会通过免税之类的关税手段来执行商品政策,对贸易品的输入起到了调节作用。其中,大米贸易被朝廷视为地方的优先事务,因而不遗余力地鼓励贸易者们带回大米。如"(康熙)六十一年,以暹罗国运米三十万石至福建等省贩卖,于地方甚有裨益,特免收税",又"(雍正)六年,准暹罗国商人运载米石在厦门发卖,免其纳税,并著为例","(雍正)八年,定外洋带米商船蠲免货税之例"。⑤ 厦门作为鹿耳门的对渡港以及与南

---

① 陈希育:《清代前期的厦门海关与海外贸易》,《厦门大学学报(哲学社会科学版)》1991年第3期,第115页。
② (清)周凯等纂:《厦门志》卷五,页十六。
③ (清)陈寿祺等撰:《福建通志》卷二七〇,页十一,华文书局1968年版,第5130页。
④ (清)周凯等纂:《厦门志》卷七,页五、页六。
⑤ (清)陈寿祺等撰:《福建通志》卷二七〇,页十一、页十二、页十四,华文书局1968年版,第5130—5131页。

洋贸易的指定港，在大米贸易和运输方面占据有利地位，再加上长江流域的大米通过沿海贸易流入，厦门既是接收点也是再分配点，成了福建的大米贸易中心。

海关体制之下，海外贸易的管理和经营中一个不可忽视的群体是洋行商人，他们常常替海关人员执行关税的实际征收，还为出洋商人提供担保。《厦门志》载："洋船由厦门洋行保结出洋……向例督抚春贡燕菜七十斤，将军秋贡燕菜九十斤，由洋行承办。又岁购黑铅耗额四万三百二十一斤，解福州理事厅库及厦门水师中军交缴，亦由洋行承办。"[①] 从这段描述中可以看到，洋行既充当贸易中介，与海关相互配合，管理海商及其经营活动，又替官方承办买卖，采购燕窝和黑铅。

嘉庆年间（1796—1820）洋行逐渐衰落，后于道光元年（1821年）全行倒罢，商行取代洋行的地位，承办先前由洋行负责的事务。[②] 无论洋行商人还是商行商人，实际上都是获得官方授权和任命的特许商家。

据傅衣凌研究，明代便有一些福建海商担任牙商（铺商），受官府的指派开展对外贸易，从海外贸易归来的商人不能直接卸货，须由牙商（铺商）从他们手上接买货物，在牙商（铺商）为货物付过关税之后，海关官员才允许他们卸货。而清朝统治者在福建沿袭了明朝的做法。起初，经营外国商品的官方商号叫洋货行，它们控制着沿海和海外贸易，既出口土产到南洋，也为国内贸易进口洋货。[③] 雍正五年（1727年），朝廷批准在厦门设立洋行，管

---

① （清）周凯等纂：《厦门志》卷五，页二十九。
② （清）周凯等纂：《厦门志》卷五，页三十一。
③ 傅衣凌：《明清时代商人及商业资本》，人民出版社1956年版，第132—133、200—201、205页。

理商民的海外贸易，外省洋船收泊进口也归洋行保结。[①] 乾隆年间（1736—1795），闽浙总督苏昌的奏折进一步指出，福建所有的洋行都在厦门，洋船都由厦门口出入。[②] 据《厦门志》的记载推测，行商中曾设一名"总行"。洋行陈班观因年迈于道光元年请辞，推举蒋元亨代替自己但未得到批准，官方下令金丰泰、金万成、金源丰、金恒远、金瑞安、金源泉、金长安、金丰胜、金元吉、金源益、金源瑞、金晋祥、金源发、金全益这十四家商行共同承办之前由洋行负责的贡燕、黑铅以及为洋船提供担保等事务，等到洋行有人担任再归还给洋行办理。福建总督原本批令从这十四家商行中推举一名总行进行管理，各家商行共同讨论后推选金源丰许大吉暂任总行，但福州将军认为如此难免把持之弊，下令不准再设总行之类的名目，归十四家商行公办。由此推断，和合成洋行的陈班观之前应该担任过总行。再据"至嘉庆十八年仅存和合成洋行一家"的记载来看，福州将军所说的把持抑勒很可能是指和合成担任总行影响了厦门洋行业的业态，再加上走私贸易兴盛，洋船逐渐失利，从嘉庆十八年起只剩和合成一家经营洋行事务。毕竟，嘉庆元年时"尚有洋行八家"[③]。从国家的层面来看，让行商负责海上贸易的实际管理是为了更有效的控制，但"把持行市"之类是严禁的，清廷追求的是责任和利益之间的平衡，当然要极力避免垄断的发生。官方拒绝陈班观以蒋元亨代替己任，转而任用十四家商行共同承充，可能也是出于这方面的考量。

[①]（清）周凯等纂：《厦门志》卷五，页二十八。
[②]《明清史料庚编》下册，庚编第六本，页五三三，中华书局1987年版，第1123页。
[③]（清）周凯等纂：《厦门志》卷五，页三十、三十一。

厦门洋行的部分职能与之前作为海外贸易中介的牙行类似，比如为买卖双方检验商品并评估物价，代征货税，包销进口商品及代购出口货物等。除此之外，洋行本身也是海外贸易的经营者，其职能已经超出了只是中介人的牙行。具体来说，厦门的洋行（以及后来接管洋行事务的商行）具有以下职能：第一，为出洋商人作担保。商人出洋本来必须取得原籍的县照。雍正六年（1728年）改为由行家（或称"行保"）担保。理论上，从厦门出洋去往南洋的船由厦门的洋行作保。[①] 第二，商人的进出港手续由行商代办，包括进出港具单、验照、报税、纳税等。[②] 比如，福建巡抚毛文铨的一份奏折中提到，厦门行商许藏兴等人就曾替海关办纳税务。[③] 这种非正式的、以商治商的间接管理具备一定弹性，为贸易者们提供了便利，有益于海外贸易的顺利开展。第三，行商直接投资造船业和海上贸易。因为官方任命行商有一定的标准，他们必须拥有财富，所以"在厦行保多系有身价之人"[④]。嘉庆年间（1796—1820），厦门的源益行、联兴行、全胜行、聚利行等纷纷置造商船。[⑤] 此外，洋行往往还与官员有一定联系，甚至有官家背景。乾隆二十九年（1764年）的厦门洋行陋规案中，闽浙总督杨廷璋曾在奏折内自辩称，武员马龙图之子是水师提督黄仕简之婿，林洛之子是马龙图之婿，而厦门各家洋行内又有马龙图的

[①] （清）周凯等纂：《厦门志》卷五，页二十九。

[②] 陈希育：《清代前期的厦门海关与海外贸易》，《厦门大学学报（哲学社会科学版）》1991年第3期，第116页。

[③] 中国第一历史档案馆编：《雍正朝汉文朱批奏折汇编》第八册，福建巡抚毛文铨雍正四年十月十二日折，江苏古籍出版社1991年版，第264页。

[④] 中国第一历史档案馆编：《雍正朝汉文朱批奏折汇编》第十一册，福建总督高其倬雍正六年正月初八日折，江苏古籍出版社1991年版，第351页。

[⑤] 《福建沿海航务档案》，第50页。转引自陈希育：《清代前期的厦门海关与海外贸易》，《厦门大学学报（哲学社会科学版）》1991年第3期，第117页。

侄子在内开行，数家联络有亲，利害相关。由此看来，行商往往能够凭借与官方的良好关系，在海上贸易中占据相对有利的地位。

洋行数量的变化在一定程度上反映着海外贸易的兴衰态势。总体而言，厦门洋行在乾隆年间较为兴盛，嘉庆以后逐渐式微，在道光初年凋敝没落。由于闽海关的关税收入中，"厦口居其过半"①，故而闽海关的关税收入变化也从侧面反映了厦门海上贸易的兴衰。据统计，闽海关雍正十三年（1735年）的税收略多于20万两，乾隆初年略少于30万两，乾隆十六年以后多于30万两，乾隆二十二年至四十一年间常维持在35万两以上，嘉庆十六年税收减少为21万两，嘉庆二十五年又下降到19万两，道光年间基本在19万两左右。② 可以看出，闽海关的关税收入在乾隆中期最高，嘉庆晚期到道光时期则显著下降，这与厦门洋行在乾隆年间较为兴盛而嘉道时期衰落的趋势也基本一致。换言之，厦门的海外贸易在乾隆年间最为繁荣。

四、五口通商时期和洋关体制下的厦门海外贸易

鸦片战争后，厦门成为中国最早对外通商的五个口岸之一，西方各国陆续向厦门派驻领事，各领事馆的设立对五口通商时期厦门的对外贸易产生了很大影响。从1843年厦门开埠到1862年洋关设立之前，由于港口管理机构尚未健全，各国商船均听命于本国领事，而领事们无视中国法律，多方插手对外贸易，英国首任驻厦门领事纪布里上任后曾提出无理要求，胁迫海关将输入厦

---

① （清）周凯等纂：《厦门志》卷七，页三。
② 陈国栋：《东亚海域一千年：历史上的海洋中国与对外贸易》，山东画报出版社2006年版，第373、374页。

门的货物按实际销售量征收，而不是按进口数量纳税。[①] 这一时期，厦门的对外贸易基本由外国势力控制，贸易的开展不是建立在独立自主的原则之上，而是依托于不平等条约进行的。

一方面，外国势力攫取了多项与对外贸易密切相关的特权，包括片面协定关税、领事裁判权、片面最惠国待遇、海关外籍税务监督制度。其中，最后一项与中国的海关主权直接相关。根据条约规定，进出口商品实行领事报关制，外商应纳各项税饷由该国领事担保，外商进口后首先把载货清单、报关单等文件送交领事，领事再根据文件将船舶吨位、载货种类及数量等相关信息通知中国海关，经领事和海关"公同查验"装卸货物后交纳税饷，外商持结关红单向其国领事领取船舶国籍证书，即可离口。[②] 可以看到，在领事报关制下，一切通关手续都须经过外国领事，中国海关丧失了独立的监管和征税权力。

另一方面，外国商人势力通过洋行和买办控制了厦门对外贸易的经济权。这里所说的"洋行"和前文所述的在清代早中期由中国商人自己开办，为出洋商人提供担保、协助海关收税并充当贸易中介的洋行不同，指的是外国商人在中国开办的经营机构。在厦门开办最早的外国洋行是英商于1845年创设的德记、和记两家洋行。之后，英商又陆续开设了汇丰、怡记（义和）、合记、宝顺、水陆、协隆等共二十家，德国、美国、西班牙、丹麦也从19世纪50年代起相继在厦门开设洋行。这一时期，厦门的各国洋行有三十多家，大部分建立在海后路的滨海之处，毗连一片，被称

[①] 厦门港史志编纂委员会编：《厦门港史》，人民交通出版社1993年版，第93页。
[②] 连心豪：《水客走水——近代中国沿海的走私与反走私》，江西高校出版社2005年版，第44页。

为"番仔街"。① 洋行拥有雄厚资本，再加上各种特权和丰富的国际贸易知识，对这一时期的厦门贸易形成了控制和垄断。虽然通过建设码头、仓库等贸易设施和开辟定期航线使得贸易品种和业务范围进一步扩大，但洋行控制下的厦门对外贸易带有明显的半殖民地性质，贸易品种类及数量以帝国主义控制的国际市场为转移。在五口通商时期的厦门对外贸易中，买办作为外商与华商的贸易媒介，是洋行与中国市场联系的桥梁。初期洋行买办大都是广东人，他们在厦门人地生疏，语言隔阂，对市场情况也不熟悉，所以后来逐渐被厦门人代替。买办通常由洋行所属国的领事馆商务官员介绍给洋行，经面试合格后签约任用。② 他们既为外商收集市场信息并搜购用于出口的农副产品，也在国内设立分销处和堆栈，进而将洋货推销到内地。

综观1843年开埠起到1862年之间的厦门对外贸易，洋货进口和土产出口均有一定程度的增加，但贸易对象和商品结构已经发生变化，且进口商品总值一直高于出口商品总值，处于入超状态。据估算，厦门1843—1844年的入超数额为314063元，1845年为609320元，1846年为796704元，1848年为314482元，1849年为927362元，1850年为829013元，1852年更是达到了1665000元。贸易对象方面，厦门开埠后除了保持与南洋地区的贸易之外，与英美等西方国家的贸易量明显增加，其中又以与英国的贸易为最。1843—1852年间，英国每年输入的货值占厦门进

---

① 厦门市政协洋行史料征集小组：《厦门的洋行与买办》，载中国人民政治协商会议福建省委员会文史资料编辑室编：《福建文史资料》第五辑，福建人民出版社1981年版，第145页。

② 厦门市政协洋行史料征集小组：《厦门的洋行与买办》，载中国人民政治协商会议福建省委员会文史资料编辑室编：《福建文史资料》第五辑，福建人民出版社1981年版，第160页。

德记洋行与怡记洋行之间的码头附近舟船云集的场景。摄于1880年左右，康奈尔大学图书馆收藏

口货值总额的三分之二以上。① 商品结构方面，当时从厦门出口的主要是一些土产和手工制品，包括樟脑、糖、陶器、纸伞、纸张、神纸、神香等各种杂货；进口货物是英国的各种棉布、棉纱、铁、钢、槟榔，马尼拉的水靛、胡椒、沙藤、大米和谷类、海参、鱼翅、牛角和鹿茸，而且还存在相当规模的鸦片走私。② 五口通商时期，外国势力虽然已经侵占了中国海关的许多权力，但它们并未满足于当时实行的报关制度。

---

① 戴一峰：《五口通商时期的福建对外贸易》，《福建论坛（文史哲版）》1988年第1期，第54—56页。

② 姚贤镐编：《中国近代对外贸易史资料（1840—1895）》第一册，中华书局1962年版，第585—586、588—589页。

1858年，中英签订《天津条约》，附约《通商章程善后条约》第十款规定：通商各口的收税事宜划一办理……"任凭总理大臣邀请英（法、美）人帮办税务并严查漏税，划定口界，派人指泊船只及分设浮椿、号船、塔表、望楼等事，毋庸英（美）官指荐干预"。[①] 由此，外籍税务监督制度转向外籍税务司制度。1861年，洋员管理下的闽海关开关，俗称"洋关"或"新关"，以便与清代早中期的海关体系区别开来。1862年，厦门海关税务司署设立，负责管理洋船贸易并征收洋税。厦门海关税务司署起初设于新路头，宣统元年（1909年），新办公楼落成并迁入。[②] 根据《厦门口各国商船进出起下货物完纳钞税章程》的规定：凡商船赴厦门者，"行至白石头与南太武对经之界，过此即为进厦门口"，厦门口泊船起下货物之地点"自厦门港只有新船地为界"，以界内的"岛美口、港仔口、新路头、史衙头码头为海关例准之码头"。[③] 洋关设立后，原闽海关厦门正口则改称"常关"或"旧关"，管理民船贸易，征收内贸税。光绪二十七年（1901年）《辛丑条约》订立后，厦门常关业务归新关兼办。

洋关的设立为外国商品大量输入厦门创造了有利条件，也为外国商人获取中国土产提供了便利。整体而言，厦门的对外贸易在这一时期仍得到一定程度的发展。从1865年起，外籍税务司控制下的厦门海关开始逐年编制《海关年度贸易报告》，1882年起

---

① 王铁崖编：《中外旧约章汇编》第一册，生活·读书·新知三联书店1957年版，第118、135、139—140页。

② 《厦门史迹调查》（油印本），载林仁川：《福建对外贸易与海关史》，鹭江出版社1991年版，第189页。注：厦门海关税务司公署旧办公楼所在处现为海后路，新办公楼原址位于今鹭江道，现为厦门海关缉私局大楼。

③ 《厦门口各国商船进出起下货物完纳钞税章程》（《各口章程汇编》），载林仁川：《福建对外贸易与海关史》，鹭江出版社1991年版，第190页。

厦门海关税务司署旧办公楼及海关码头。摄于19世纪，康奈尔大学图书馆收藏

则按照总税务司的要求以10年为一期，编写《海关十年报告》。这些报告中的数字较为直观地反映了洋关体制下厦门海关贸易量变化情况。据统计，厦门海关的出口货值在1900年之前大多保持在300万～400万海关两之间，但从1900年起明显下降。入口货物值除1895年略有下降外均不断上涨，尤其从1900年起突破了1000万海关两，是1875年入口货值的2倍多，1900年的入口货物值更是同年出口货值的7倍有余。（数据来源：《近代厦门社会经济概况》附表，鹭江出版社1990年版，第430—432页）

洋关体制下的厦门对外贸易主要由洋货的进口与复出口，以及中国土货的出口与复出口两大部分组成，即包括进口、出口、转口。具体来说，洋货进口指在厦门海关报关的、从外洋及香港输入的或从国内他口转运而来；洋货复出口指洋货在厦门海关报

鼓浪屿新路头码头（今钢琴码头）到龙头渡（位于今复兴路、鹿礁路交界处）一带。摄于1880年左右，康奈尔大学图书馆收藏

关进口后，又在该海关复出口而转往他口；土货出口指厦门及其腹地范围内所产的农产品、手工业品和工业品在厦门报关后，出口至外洋和香港；土货复出口指其他口岸的土货进入厦门后在厦门报关并出口外洋和香港。[①] 在洋关体制初期，厦门的贸易量有相当一部分来自国内贸易和转口贸易。

1894年以前，厦门关的洋货复出口大多是转运台湾，主要涉及棉制品、毛制品、金属等，而厦门复出口的土货则主要是台湾乌龙茶。[②] 就此层面而言，台湾与厦门的经济联系更为紧密。当

---

① 刘良山：《近代厦门对外贸易发展研究（1862—1911年）——以历年厦门海关贸易统计报告为中心》，厦门大学2008年硕士学位论文，第35—38页。

② 刘良山：《近代厦门对外贸易发展研究（1862—1911年）——以历年厦门海关贸易统计报告为中心》，厦门大学2008年硕士学位论文，第37—38页。

然，厦门与南洋的贸易关系依旧密切，出口和复出口至马尼拉、海峡殖民地、暹罗、西贡等地的货值十分可观，占直接出口（香港转运除外）的1/3至1/2。① 总体来说，洋关体制下厦门对外贸易的情形变化不大，贸易对象基本上和五口通商时期相同：以同东南亚各国之间的进出口贸易为主，与美国的贸易主要局限于茶叶贸易，与英国和其他欧洲国家之间的贸易大多数经过香港中转。而在甲午战争后，日本在厦门对外贸易中所占的比重显著扩大。② 这一时期，除了海关管理转向外籍税务司制度以外，前文谈到的洋行和买办进一步控制了厦门对外贸易的经营权。1896年以后，英国增设太古洋行等，经营轮船代理业，最盛时达三十家左右。日本则于1910年在厦门开设洋行，三井洋行专营进出口贸易，大阪洋行专营海上运输。随着洋行业务的发展和深入，厦门买办的收入逐渐丰厚，他们大多开设有自己的商行，用于代理洋行的业务，比如德记洋行买办邓秀峰开设福记行。这一时期买办的出身更加多样化，包括商人出身的、帝国主义学校培养出来的、官绅转为买办的、混血儿买办、侨生、台湾人、台籍厦门人等。汇丰银行于19世纪70年代起，对厦门的金融市场形成了控制，如1873年在厦门设立代理处的汇丰银行曾垄断厦门与东南亚之间的汇兑业，获利丰厚，这些银行以吸收到的资金为洋行办理押汇和贷款业务，③ 进而又为洋行的贸易活动提供了动力。

---

① 姚贤镐：《中国近代对外贸易史资料（1840—1895）》第一册，中华书局1962年版，第587页。

② 刘良山：《近代厦门对外贸易发展研究（1862—1911年）——以历年厦门海关贸易统计报告为中心》，厦门大学2008年硕士学位论文，第67页。

③ 厦门市政协洋行史料征集小组：《厦门的洋行与买办》，载中国人民政治协商会议福建省委员会文史资料编辑室编：《福建文史资料》第五辑，福建人民出版社1981年版，第146、154、160—162页。

洋关体制下，厦门自传统时代以来作为海运枢纽和货物集散点的地位并未改变。尽管在洋货的冲击下，厦门附近的手工业如棉纺织业不可避免地受到破坏，但航运的进步和资本的充盈，使得厦门的商贸活动与世界市场的联系更为紧密，也推动了厦门向近代商业贸易网络中心的转型。

| 第五章 |

厦门与东北亚、东南亚的贸易

第一节 厦门与东北亚的贸易

厦门与东北亚的贸易涉及日本、琉球、朝鲜等地区。相较于东南亚,厦门与东北亚的贸易相对薄弱,但明朝中后期厦门在东北亚海域的地位日益凸显,逐渐形成厦门—东北亚—东南亚的三角贸易网络。

厦门与日本的贸易不迟于明朝,嘉靖年间(1522—1566)兴起热潮。嘉靖二十三年,同安县李章等人驾船前往日本贸易,不幸遭风漂至朝鲜泰安。朝鲜《李朝实录》中详细记载了李章等人漂流至朝鲜的遭遇。朝鲜甲辰三十九年(1544年),泰安郡守朴光佐驰报:"郡南面麻斤浦,唐倭未辨船一只到泊……则高达一船,双桅悬旗,住泊海口。"[1] 此即李章等人的船只。因是冒禁私

---

[1] 吴晗辑:《朝鲜李朝实录中的中国史料》(四),中华书局1980年版,第1366页。

自出洋贸易，而不敢下船登陆，"唐人疑畏而不肯下陆者，转归中原恐被私自下海之罪"。后经朝鲜官员百般劝慰，李章等人终上书言漂流始末。原来，因同安荒年，人民饥馑，饿殍遍野，迫于生存之需，高贤、李章、魏祈等共八十人，"无奈率告于郡官，装载货物"①，东渡日本冒险射利，不幸途中遭风漂至朝鲜。

由此可见，明廷虽然实行严厉的"海禁"政策，严禁私自与日本贸易，厦门商民仍"冒险射利，视海如陆，视日本如邻室耳，往来贸易，彼此无间"②。

隆庆年间（1567—1572），开放漳州月港，准贩东西洋。作为月港出海口的厦门，前往日本贸易的潮流更加不可遏制。针对这种现象，福建巡抚许孚远上书云："臣又访得是中同安、海澄、龙溪、漳浦、诏安等处奸徒，每年于四五月间告发引文，驾驶鸟船，称往福宁卸北港捕鱼及贩鸡笼、淡水者，往往私装铅硝等货，潜去倭国，徂秋及冬或者来春方回。亦有借言潮惠广高等处籴买粮食，径从大洋入倭。"③ 亦有厦门商民假道南洋，开辟厦门—吕宋—日本之间的三角贸易航线。

郑氏海商集团时期，郑氏几乎垄断了厦门与日本之间的贸易。郑氏海商集团占据厦门37年之久，日本始终是其主要贸易对象。

除了郑氏海商集团，另有部分厦门湾商人亦东渡日本贸易。如Hambuan在《热兰遮城日志》中记载其多次前往日本的事例。1631年8月23日，Hambuan的船只备好货物准备去日本贸易。次年8月12日，荷兰长官通过"有关装备Hambuan和印结瓦定

---

① 吴晗辑：《朝鲜李朝实录中的中国史料》（四），中华书局1980年版，第1367页。
② （明）谢肇淛：《五杂俎》卷五，上海中央书店1935年版。
③ （明）陈子龙等：《明经世文编》（第五册）卷四〇〇，中华书局1962年版，第4334页。

的戎克船要前往日本的决议"。1636年5月21日，Hambuan抵达台湾，运来生丝、布料、黄金、水银等货物，以运往日本。①

清朝统一台湾，设立闽海关，厦门作为"通洋正口"，"人民商贾，番船辐辏"②。清初，日本对中国船只未加限制，厦门商民前往日本贸易者与日俱增。据《华夷变态》统计，自康熙二十三年（1684年）至康熙六十一年之间，有139艘厦门商船赴长崎贸易。根据船只来航顺序及地点分别编号，如五番厦门船、二十七番思明州船、八番厦门船、十番厦门船、二十三番厦门船、二十四番厦门船、四十番厦门船、四十二番厦门船、八十一番厦门船③等等。其中贞享二年（1685年）十番厦门船，于康熙二十四年二月二十八日自厦门起航，三月十八日在沙埕停靠，四月三日到达长崎。元禄三年（1690年）五十七番厦门船，船主周一官等四十一人先在福州雇佣一条商船，四月二十八日"到厦门，则载生丝、零碎物品，并□皮、砂糖类，限于右之日，从厦门港出海渡航"④，于五月八日自厦门出航前往日本贸易。

《备边司謄录》记载了部分厦门船户前往日本途中不幸遭风漂至朝鲜的事例。康熙四十三年（1704年）六月十一日，一只中国船只搭载福建、浙江、广东等处商民一百三十名，自厦门出港，往贩日本长崎。其中同安县籍有驾船伙长何已、管什用押工郑一年、管货直库黄治年、管帆索大繚杨荫、管桩二桩戴成、管帆索二繚王亮，以及吴聪、庄为、吴天（厦门）、陈二、杜凤、薛主、

---

① 江树生译注：《热兰遮城日志》（一），台南市政府2002年版，第55、70、239页。
② （清）周凯等纂：《厦门志》卷一五。
③ 林春胜、林信笃编，浦廉一解说：《华夷变态》（上册），东洋文库刊1958年版，第914页。
④ 林春胜、林信笃编，浦廉一解说：《华夷变态》（中册），东洋文库刊1958年版，第1234页。

王郎（厦门）、陈却（厦门）、杨午、林伴、林习、赵发（厦门）、蔡胜（厦门）、林乞（厦门）、黄福（厦门）等船梢15人，同安县籍附客17人：林森、陈鸾、王攀、陈球（厦门）、吴明、陈福、黄却、吴成、林寿、周天祚、陈怨、许夏、林禄（厦门）、林吉、孙祝（厦门）、陈鹏（厦门）、何宗（厦门），共38人，约占全部人员的34%。不料，七月二十四日陡遇大风，失舵折樯，二十五日漂到朝鲜。①福建省泉州府同安县人四十二人于康熙五十二年六月二十日自同安县出发往日本贸易，中途遇风，七月二十四日漂到朝鲜。8人生还，死者林春、陈羡、吴辰等34人，"共住厦门人"。朝鲜官员问："尔们地方，幅员甚广，东、西、南、北往来行商，何所不可，而涉险远赴于日本，自取漂没之患也？"王裕、许满等生还者云："我们地方买卖，不如日本买卖之利，故冒险要利。"②

康熙五十四年（1715年），德川幕府实行信牌制度，每年配予厦门1~2艘船信牌，致使厦门与日本之间的贸易一落千丈。但亦有部分商人因得到日本人的信任而享受特殊信牌待遇，被称为"御用唐商"，郭裕观即是其中一员。郭裕观别名郭亨统，厦门人，常年经营广州—日本间的贸易。他曾于康熙五十四年至雍正三年（1725年）数次作为船主前往长崎。因享受特殊信牌优惠，郭裕观被清王朝列为追捕缉拿对象。"诸船头若不领信牌，吾一人当领数十枚。吾将不作久留，尽量使眼前商船渡海来航。万一此事在唐国泄露，纵生命完结亦知其节义所在，终无遗恨。"③浙江总督

---

① 《备边司誊录》五册，第382—387页。（日）松浦章编著，卞凤奎编译：《清代帆船东亚航运史料汇编》，乐学2007年版，第23页。

② 《备边司誊录》六册，第48—50页。（日）松浦章编著，卞凤奎编译：《清代帆船东亚航运史料汇编》，乐学2007年版，第34—35页。

③ （日）大庭脩：《江户时代日中秘话》，中华书局1997年版，第176页。

李卫早就注意到郭裕观等人，雍正六年上奏折云：

>朱来章之兄朱佩章先曾带去闽人王应如教书，已经病殁在洋。又闽商陈良选带去广东人称系宁波居住之年满千总沈大成，实属杨姓，冒顶前往教习阵法，其的名不知确切。现在彼地又郭裕观代带僧人、马匹各等情。今朱来章先经臣访闻，诱唤至署问知情由前已奏明后又供出曾带过各项书籍五百本，当即取具的保同俞孝行给予银两，各自置货密往东洋，探信去运。其陈良选因在日本船只未回，已令海口文武等候缉拿。郭裕观系厦门人，密咨福建尚未获到。已上各情俱供明。①

厦门往日本输入的物品大致分为丝织品、中药材、砂糖三大类，回程则载各种金属、海产品。周凯《厦门志》中有详细记述：

>土产：金、银、如意珠、白珠、青玉、玛瑙、琥珀、水晶、水银、螺钿、石硫磺、铜、铁、锦、细绢、花布、刀、屏风、扇、砚、漆器、椒、象、黑雉、山鼠、东洋参（性温补，彼国以为军粮。每年出陈易新，以陈者货我）、海参、海带。交易：爱台湾之白糖、青糖、鹿獐等皮，价倍他物；古迹书画，更无论价也。②

康熙二十五年（1686年），大明客总管陈昂等前去交易，"白丝参百担、重绸四百捆（每捆一百匹）、人参六百斤、中绡纱二百捆、红绡五十捆、剪绒二百八十笼、什物不数、白糖四千担、冰糖二千担、药材二百担、毛边纸三百捆。"③ 1809年，巳七号厦门

---

① 《宫中档雍正朝奏折》第十二辑，台湾故宫博物院1978年版，第57页。

② （清）周凯：《厦门志》，《台湾文献丛刊》第95种，台湾银行1961年版，第232—235页。

③ 林春胜、林信笃编，浦廉一解说：《华夷变态》（上册），东洋文库刊1958年版，第642—643页。

船往长崎贸易，船载货物册：唐货主的货物为大利锦绸50匹、大利三套50匹……冰片3斤、砂仁5043斤、大黄9270斤、白芍3800斤……冰糖18300斤、三盆糖32000斤、泉糖45550斤。唐船船员个人交易货物为猛记鳌甲160斤、胜记儿茶1450斤、胜记口茂230斤、胜记石黄280斤、胜记砂仁500斤①。何已等到日本贩卖苏木、白糖、乌漆、乌糖、犀角、象牙、黑角、藤黄、牛皮、鹿皮、鱼皮、乌铅、料藤、大枫子、槟榔、银朱、水粉等物，买回红铜、金、银、鲍鱼、海参、漆器、铜器等物。②王裕、许满等从苏州、广东、安南、福建等处收买白走沙、八段丝、香木、雪糖等货品到日本贩卖。1711年，卯七号厦门船从日本载回干海参4913斤、干鲍鱼2904斤、鱼翅167斤。1713年，巳六号厦门船从日本载回916斤干海参、5040斤干鲍鱼。③可见厦门与日本的海产品贸易十分兴盛。

16世纪之前，厦门前往日本贸易，一般经由朝鲜洋面或者自浙江放洋，后来逐渐开辟自台湾海峡借道琉球群岛前往日本的航线。16世纪后期，厦门一带商人开辟了厦门与长崎之间的直达航线，自大担岛开船，至乌坵祭拜妈祖，横渡台湾海峡抵达基隆，自基隆直取天堂入长崎港。《指南正法》中详细描述"厦门往长崎"之针路：

> 大担开船，用甲卯离山。用艮寅七更取乌坵，内是湄洲妈祖，往祭献。用艮寅及单寅七更取鸡笼头。用艮寅二十更，

---

① （日）松浦章著，李小林译：《清代海外贸易史研究》，天津人民出版社2016年版，第372—375页。

② 《备边司誊录》五册，第382—387页。（日）松浦章编著，卞凤奎编译：《清代帆船东亚航运史料汇编》，乐学2007年版，第23页。

③ （日）松浦章著，李小林译：《清代海外贸易史研究》，天津人民出版社2016年版，第382页。

取单寅下十五更，单寅上十五更，取天堂。用子癸并壬亥收入港，秒也。

北山开船往长崎只有二十五更。西长外屿有小屿二个是五岛，认真陇是五岛大山。过东来有六七个石屿尖是美慎马。用单艮七更取长崎。对东七更是天堂，似南港样，或投入见天堂门。壬子癸门陇，斟酌转变寻坎马慎马，收入天堂。东去又一个屿，陇近看似东椗样，是温二。温二对东五更一山尖高头赤色，东南有一屿多是马齿山，船抵用子癸取天堂，秒也。①

《厦门志》中对厦门—长崎间航线亦有说明：厦门与长崎间大约有七十二更的水程（《县志》也作六十二更），如遇北风，由五岛入港；若南风，则由天堂入。商船到达之后，货物先入土库，后在大唐街交易。除了直接航线外，船商还开辟了从厦门载货出口吕宋、暹罗、越南等东南亚国家，再从当地收购土货到日本贸易的三角航线。

厦门与琉球之间的贸易形式，主要是附属于朝贡贸易、册封贸易的私人贸易。明洪武五年（1372年），朱元璋下诏："是用遣使外夷，播告朕意，使者所至，蛮夷酋长称臣入贡。唯尔琉球在中国东南，远处海外，未及报知，兹特遣使往，谕而其知之。"②中琉之间正式建立宗藩关系，朝贡贸易随之兴盛。清朝沿袭旧制，中琉朝贡贸易不断完善。为了更好地管理中琉贸易，起初在福建泉州设立市舶司，成化年间移至福州。因此临近泉州、福州的厦门亦积极地参与到中琉贸易之中。但这种依附于朝贡体制的私人贸易是不被允许的，洪武二十七年，命"严禁私下诸番互市者。

---

① 向达校注：《两种海道针经》，《指南正法》，中华书局1961年版，第180页。
② 陈侃：《使琉球录》，《台湾文献丛刊》第287种，台湾银行1970年版，第24页。

帝以海外诸国多诈，绝其往来，惟琉球、真腊、暹罗许入贡。而沿海之人往往私下诸番贸易香货，因诱蛮夷为盗，命礼部严绝之，凡番香、香货俱不许贩卖"①。景泰三年（1452年）又"命刑部出榜，禁约福建沿海居民，毋得收贩中国货物，置造军器，驾海通琉球国招引为寇"②。

厦门前往琉球航路极其艰险，"浪大如山，波迅如矢，风涛汹涌，极目连天"③。关于琉球与厦门的距离，周凯在《厦门志》中有考辨：《海国闻见录》云，距厦门水程六十八更。《县志》作四十五更，《嘉湾县志》作五十八更。贸易货品主要包括纺织品、药材、粗瓷器、砂糖等，回程则载海产品、铜器、磨刀石、绵纸等。如砂糖等货物通过沿海贸易由厦门运到泉州、福州，再转运琉球，免征贸易税，"奏准琉球国贡船来闽及事竣回国所带货物，概免征税"。琉球作为东北亚中转点，连通了福建、日本、朝鲜、东南亚之间的贸易网络。

厦门与朝鲜贸易极少，"厦门商舶罕至其地"。朝鲜"地属东洋之北，隔海即日本，于中国最恭顺（故首列焉），贡道由登、莱诸州"。厦门前往奉天、锦州的商舶偶尔前去贸易，"抵奉天锦州者，亦间至焉"。贸易物品多为米、谷、金、银、铜、锡、布、纸、扇、马、牛黄、人参等。④

---

① （清）陈寿祺等撰：《福建通志》（十），同治十年重刊本，华文书局1968年版，第5127页。
② 《明英宗实录》卷二一七，景泰三年六月辛巳。
③ （明）李廷机：《乞罢使琉球疏》，《明经世文编》卷四六〇，中华书局1962年版。
④ （清）周凯：《厦门志》，《台湾文献丛刊》第95种，台湾银行1961年版，第201、232、236页。

第二节　厦门与东南亚的贸易

19 世纪中期以前，华南的海运一直是以帆船为主，大量中国帆船往来于厦门港和东南亚之间，连接着厦门与南洋的贸易和交往。19 世纪 60 年代以后，轮船开始兴起并逐渐取代帆船，并开辟了往来新加坡、马尼拉等地的新航线。厦门与东南亚的贸易商品种类在明清时期已经十分丰富，既有厦门本地的土产外销，也有国内其他地方的商品运来厦门转销东南亚，另一方面，东南亚地区的各种商品也源源不断地运来厦门。随着新航线的开辟和航次、航运能力的增加，贸易商品的种类和数量也不断上升。

一、厦门与东南亚的贸易航线

福建与近代以来统称"南洋"的东南亚地区很早就有贸易联系。厦门作为闽南的重要港口，从明后期起已与"东洋"（吕宋岛、摩鹿加群岛、苏禄群岛、文莱等）和"西洋"（暹罗、马六甲、柔佛、北大年、爪哇等）有一定的航运和贸易联系，到了清代海关设立，厦门更进一步成长为南洋贸易的海运中心。

浯屿和太武可视为大厦门湾[①]的一部分，二者常常是明清时

[①] 厦门湾指厦门周边的海湾及岛屿。"大厦门湾"的概念最早由杨国桢提出，他认为从漳州河口（九龙江口）至安海河口（石井江口）之间的厦门、金门周边海域是广义的大厦门湾，虽然这片海域在行政区划上曾分属漳、泉两府，但在东西洋贸易制度的运行上，实际是一个整体。参见杨国桢：《十七世纪海峡两岸贸易的大商人——商人 Hambuan 文书试探》，《中国史研究》2003 年第 2 期，第 145 页。

中左所

期厦门往来南洋的起航点和回针处。明代的《顺风相送》和《东西洋考》均记载有浯屿、太武山与东南亚之间的航线。值得注意的是，张燮在《东西洋考》"内港水程"中依次记载了"海澄港口""圭屿""中左所"，指出圭屿"半潮至中左所"，还明确谈到"中左所一名厦门，南路参戎防汛处。从前贾舶盘验于此，验毕，移驻曾家澳候风开驾。二更船至担门，东西洋出担门分路矣"。① 曾家澳即今厦门曾厝垵，担门即大担岛两旁的航道。可见厦门在明末已是东西洋针路的起点之一，经大担开船的航线与连接厦门的内港水程是一体的。

《顺风相送》记载的往来菲律宾和马鲁古群岛的航线是：太武开船，依次取澎湖山、沙马歧头、笔架山、射昆美山、月投门、

---

① （明）张燮著，谢方点校：《东西洋考》，中华书局1981年版，第171页。

麻里荖、表山、里银大山、头巾礁,进入吕宋港。回针则由鸡屿出洋,取麻里荖、射昆美山,入浯屿洋,取沙马歧头、澎湖,取太武入浯屿。从鸡屿出发,还能前往文莱渤泥港,途中可以经过吕蓬港。① 吕宋即今菲律宾,鸡屿又名圭屿,是马尼拉湾口的哥黎希律岛(Corregidor),吕蓬即今菲律宾卢邦岛(Lubang)②。《东西洋考》卷九所载"东洋针路":从太武山出发,依彭湖屿、虎头山、沙马头澳、笔架山、大港、哪哦山、密雁港、六藐山、郎梅屿、麻里荖屿、玳瑁港、表山、里银中邦、头巾礁而行,到达吕宋国和猫里务国。③ 需要注意的是,吕宋泛指菲律宾,范围较大,吕宋国特指菲律宾马尼拉(Manila)。猫里务又名合猫里,在今爪哇岛附近。麻里荖屿又名表山,为今吕宋岛西岸的博利瑙(Balinao),玳瑁港即吕宋西岸的仁牙因(Lingayen),里银中邦距仁牙因不远,又作里银大山或里仁大山,头巾礁即今吕宋巴丹(Batam)省西岸外的卡彭斯岛(Capones I.)。④ 这段文字记载的是从浯屿、太武前往菲律宾西岸的航线,马尼拉是重要的目的港。清代的《指南正法》中也记录了前往马尼拉的航线,起点是厦门附近的大担岛。此针路原文为:"大担开船,用辰巽七更取澎湖。丙巳针七更取虎头山。单丙六更取沙马歧头门。又单丙十更,又午丙十二更,取刮牛坑上。丙午五更过四屿入是玳瑁四屿,丙午五更过,丙午及单午十更取艮白生开洋,仔细须防之。丙巳十更

---

① (明)佚名:《顺风相送》,载向达校注:《两种海道针经》,中华书局1961年版,第88—90页。
② 陈佳荣、朱鉴秋编著:《渡海方程辑注》,中西书局2013年版,第170—172页。
③ (明)张燮著,谢方点校:《东西洋考》,中华书局1981年版,第182—183页。
④ 陈佳荣、朱鉴秋编著:《渡海方程辑注》,中西书局2013年版,第166—167、172、176页。

取双口港鸡屿口，算风观水入为妙也[1]"。这里所说的"双口港"就是菲律宾马尼拉港，因港口有南北对峙二小岛，所以称双口。以菲律宾为中转点，还有继续向爪哇一带和马鲁古群岛延伸的航线。《东西洋考》中的相关记载为：又从吕宋取诸末山，入磨荖央港；又从吕宋过文武楼，沿山至龙隐大山，为以宁港。从以宁港出发，驶向汉泽山、海山，从汉泽山可依次前往交溢、魍根礁老港、绍山、千子智港、绍武淡水港，从交溢可再驶向犀角屿、苏禄国。[2] 以宁是菲律宾民都洛（Mindolo）岛南面的伊林（Ilin）岛。千子智港是米洛居的属地，米洛居又作美洛居、米六合，即今印度尼西亚的马鲁古（Maluku）群岛，有西班牙人驻留。绍武淡水港也在马鲁古群岛，是荷兰人的驻处。苏禄国的属地主要位于苏禄群岛、巴拉望岛和马来西亚沙巴州东北部。

到了清代，厦门更加明确出现在时人对南洋航路的记述中。《海国闻见录》成书于雍正八年（1730年），作者陈伦炯是同安人。陈伦炯的父亲陈昂曾亲身参与海上贸易，谙熟海岛港口和风潮险易，陈伦炯自小受到熏陶，再加上后来任职水师，对外夷风俗和针路港道十分熟悉。[3]《海国闻见录》中，陈伦炯在"东南洋记"篇内记叙了台湾、菲律宾群岛、西里西伯岛、马鲁古群岛及婆罗洲的情况。根据陈伦炯的记载，"凤山、沙马崎之东南有吕宋，居巽方，厦门水程七十二更……下接利仔发，水程二十更。至甘马力，水程二十一更……其东南，又有万老高、丁机宜二国，

---

[1] （清）佚名：《指南正法》，载向达校注：《两种海道针经》，中华书局1961年版，第140页。
[2] （明）张燮著，谢方点校：《东西洋考》，中华书局1981年版，第183—184页。
[3] （清）陈寿祺等撰：《福建通志》卷二二九，页四、页五，华文书局1968年版，第4166—4167页。

居于巳方……水程吕宋至万老高一百七十四更,至丁机宜二百一十更",利仔伎(Lecena)在吕宋岛南岸,甘马力(CamaRines)是吕宋岛东南部的合猫里,万老高即马鲁古群岛,丁机宜今地不详,从地望上推断可能在塞兰岛(Ceram I.)或马来群岛东部的伊里安(加里曼丹岛)。以吕宋为中转点,可以航至苏禄、文莱等地。陈伦炯在《东南洋记》中的记述为,"由吕宋正南而视,有一大山,总名无来由息力大山。山之东为苏禄……西邻吉里问,又沿西文莱,即古婆罗国。再绕西朱葛礁喇大山之正南,为马神……苏禄、吉里问、文莱三国,皆从吕宋之南分筹,而朱葛礁喇必从粤南之七洲洋,过昆仑、茶盘,向东而至朱葛礁喇,一百八十八更。马神亦从茶盘、噶喇巴而往,水程三百四十更。厦门由吕宋至苏禄,水程不过一百一十更……"[①] 苏禄即棉兰老与婆罗洲之间的苏禄群岛,文莱又称渤泥,在婆罗洲北岸,朱葛礁喇在婆罗洲西岸,马神在婆罗洲南岸。上面的两段文字中,明确指出了厦门至吕宋水程为七十二更,厦门经由吕宋前往苏禄的水程不超过一百一十更,表明至迟在雍正年间,已有直接从厦门出发去往菲律宾的航线,且此航线以菲律宾南部为分界点继续延伸,向东连接苏禄群岛,向西连接婆罗洲。

事实上,除了明清时期的中国航海者们在诸如《顺风相送》《指南正法》等针路簿中以及张燮、陈伦炯等学者在《东西洋考》《海国闻见录》之类的史地专著中,对厦门及其周边的航运贸易路线进行记载以外,17—18世纪的西方贸易者们也在海图中标注出了厦门的位置,并对厦门港的周边环境和贸易航线作了一定描绘。

[①] (清)陈伦炯撰,李长傅校注,陈代光整理:《〈海国闻见录〉校注》,中州古籍出版社1985年版,第41—47页。

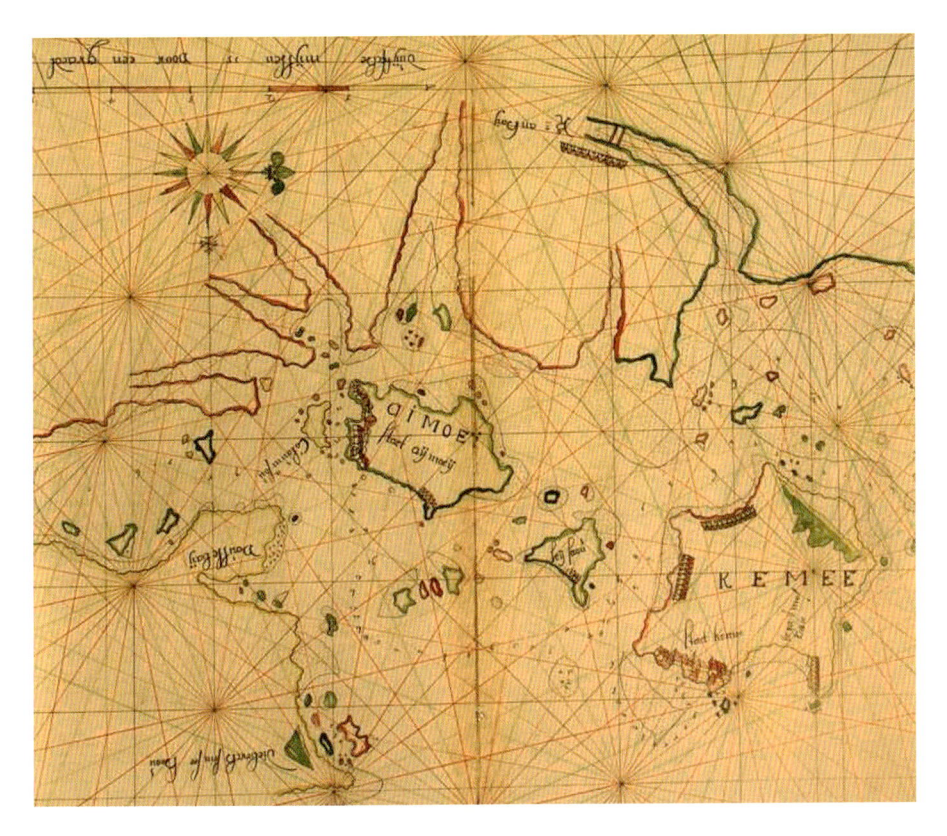

1668年的厦门湾海域

《荷兰东印度公司地图集》中收录的一幅1668年的海图中以"aimoe"标识出厦门岛且画出了港口沿岸的房屋，鼓浪屿在图中也已标明，距厦门岛不远的金门在图中标为"KEMEE"并作了较为细致的描绘。这类材料反映出明末清初欧洲人对厦门及厦门湾已经相当了解，也从侧面印证了厦门在当时的海上交通和海外贸易方面已经相当重要。尤其是到18世纪，厦门进一步成长为东南沿海的航运和贸易中心，1729年的一幅版画生动地反映了帆船和舢板往来厦门港海域的繁忙景象。

此外，一些清代官员也曾向朝廷进呈海道图和针路方向图，如闽浙总督觉罗满保和福建水师提督施世骠都曾在康熙年间进呈

1729 年的厦门港。香港科技大学图书馆收藏

航海图。觉罗满保进呈的《西南洋各番针路方向图》相对简略，主要表现沿海各港口和东南亚各国的相对位置，地名用汉文标注。① 施世骠所呈《东洋南洋海道图》更为详细，绘有沿海各港口通往日本、越南、老挝、印度尼西亚、柬埔寨、文莱、菲律宾等国的航线、针路和所需时间。② 图中从厦门出发的航线分为三路，除一路指向日本，另两路均连接东南亚：朝南的一路指向菲律宾，朝西南方向的连接越南、柬埔寨、泰国、马来西亚、印度尼西亚等国。

不难发现，《东洋南洋海道图》里朝南的中路航线可以和上文提到的《顺风相送》《指南正法》中前往吕宋西岸的针路对照，与《东西洋考》的"东洋针路"及《海国闻见录》的"东南洋记"记

---

① 邹爱莲、霍启昌主编：《澳门历史地图精选》，华文出版社 2000 年版，第 38 页。
② 邹爱莲、霍启昌主编：《澳门历史地图精选》，华文出版社 2000 年版，第 34—38 页。

载的厦门驶向吕宋后分别转往婆罗洲北岸、苏禄、马鲁古群岛等地的航路也基本相符。由厦门出发，向西南方的越南、柬埔寨、泰国、马来西亚、印度尼西亚等国航行的针路在《海国闻见录》中归属于"南洋记"篇内。该航线在《东西洋考》中则记作"西洋针路"，由镇海卫太武山发船，出大担门半更，依次经大小柑橘屿、南澳坪山、大星尖、东姜山、弓鞋山、南亭门、乌猪山、七州山七州洋、黎母山、海宝山后到达交趾东京，从七州洋取铜鼓山、独珠山、交趾洋可达广南，又从交趾洋用坤未针取外罗山，有去往占城和柬埔寨的航线。① 大小柑橘屿即今福建兄弟屿，南澳是漳、潮连接处，大星尖即今广东针岩头，东姜山是广东的担杆列岛，南亭门是今广东大万山岛，七州是海南岛东北的七洲列岛。② 交趾东京即今越南河内，广南故地在今越南中部，外罗山是今越南的李山岛（Dao Ly Son）。概括来说，这段航线其实就是从厦门湾出发，向西南沿广东航行至海南岛附近海域后可分别去往越南北部的河内和中部的广南，沿越南中部广义省李山岛继续向南，可继续向越南南部的港口和柬埔寨航行。《东洋南洋海道图》中从厦门出发，指向西南方的一路航线可与之对应。此航线在中南半岛南端分出多条支线，有朝西北方指向泰国湾的，有些继续向西南方延伸连接马来半岛和印尼群岛，在马来半岛东南海岸外又分出前往加里曼丹岛南部和爪哇岛的航线。《海国闻见录》"南洋记"载：厦门至广南，由南澳见广之鲁万山，琼之大洲头，过七州洋，取广南外之呫哔啰山，而至广南，计水程七十二更。交趾由七州西绕北而进。厦门至交趾，水程七十四更……广南沿

---

① （明）张燮著，谢方点校：《东西洋考》，中华书局1981年版，第171—175页。
② 陈佳荣、朱鉴秋编著：《渡海方程辑注》，中西书局2013年版，第167—168、174页。

山海至占城、绿赖，绕西而至柬埔寨。厦门至占城，水程一百更；至柬埔寨，水程一百一十三更……厦门至暹罗，水程过七州洋，见外罗山。向南见玳瑁洲、鸭洲，见昆仑。偏西见大真屿、小真屿……大哖、吉连舟、丁噶哎、彭亨诸国，沿山相续，俱由小真屿向西分往，水程均一百五六十不等……而柔佛一国，山虽联于彭亨，其势在下，水程应到昆仑，用未针取茶盘，转西至柔佛，计厦门水程一百七十三更……由柔佛而西，麻喇甲，厦门水程二百六十更……就中国往噶喇巴而言，必从昆仑、茶盘，纯用未针，西循万古屡山，而至噶喇巴，厦门计水程二百八十更。[①] 可以看出厦门与越南、柬埔寨、泰国、马来半岛、爪哇均有航线。七州洋是去往中南半岛、马来半岛和印尼群岛的必经之地，昆仑、真屿、茶盘是航路分出支线的重要节点，航路的终点则分别在柔佛、麻喇甲、噶喇巴等地。昆仑指今越南的昆仑岛（Dao Con Lon，又名昆山岛）及其附近海域，真屿是今越南南岸外的快岛（Hon Khoai，又名薯岛），茶盘即今马来西亚东岸外的潮满岛（Pulau Tioman，又作刁曼岛），柔佛在今马来西亚，麻喇甲即马六甲，噶喇巴指今爪哇。对照来看，《海国闻见录》的这段记载与《东洋南洋海道图》西南向航路所显示的支线及终点位置也基本符合。驶向加里曼丹岛南部的一条支线距离最远，其终点在朱葛礁喇正南的马神，"亦从茶盘、噶喇巴而往，水程三百四十更"[②]。

厦门的传统远洋帆船贸易在明末至清中期较为发达，嘉道以后衰退。开埠之后，厦门的远洋航运重新兴起，但随着外国船舶

[①] （清）陈伦炯撰，李长傅校注，陈代光整理：《〈海国闻见录〉校注》，中州古籍出版社1985年版，第49—50、53—55页。

[②] （清）陈伦炯撰，李长傅校注，陈代光整理：《〈海国闻见录〉校注》，中州古籍出版社1985年版，第43—44页。

涌入，厦门与东南亚的航运渐渐被外国航运公司控制，尤其到1862年厦门洋关成立后，轮船开始逐渐取代帆船。与传统的木帆船相比，轮船航运很少受到季节和季风的限制，速度快且航行更为安全准时，吨位更大。随着轮船公司开辟出新的航线，厦门的轮船运输日益发展。据统计，1863年进出厦门关的船舶为1358艘次，其中帆船分别占总艘次和总吨位的70.3%和59.5%；到1879年，进出厦门的轮船和帆船分别为989艘次、566艘次，吨位分别为722784吨、173312吨，轮船分别占到了总艘次和总吨位的63.6%和80.7%。[①] 轮船无论在艘次还是运量上，都已超过帆船。

就厦门与东南亚的运输航线而言，曾有本欣轮船公司、荷印轮船公司、太古轮船公司等参与经营。中日轮船公司和纳闽煤炭公司（China and Japan Steamship and Labuan Coal Company Lid.）曾于1866年开辟过一条往来新加坡、纳闽（Labuan，位于沙巴州东北部）、马尼拉和厦门之间的航线，但此航线只经营了一年。1868年，美国轮船"风顺号"和另一艘英国轮船不定期地往来于厦门和马尼拉之间。[②] 1875年，英商太古轮船公司的远洋轮船航行于厦门、新加坡、槟榔屿（Penang Pulau，位于马来西亚西北部）之间。[③] 19世纪80年代，荷兰荷印轮船公司（Neder Lardsch）开设爪哇至香港、厦门、澳门和马尼拉之间的航线，本

[①] 刘良山：《近代厦门对外贸易发展研究（1862—1911年）——以历年厦门海关贸易统计报告为中心》，厦门大学2008年硕士学位论文，第77—78页。

[②] 刘良山：《近代厦门对外贸易发展研究（1862—1911年）——以历年厦门海关贸易统计报告为中心》，厦门大学2008年硕士学位论文，第76页。

[③] 彭德清：《中国航海史（近代航海史）》，人民交通出版社1989年版，第106页。

欣轮船公司有 7 艘轮船航行于厦门、汕头、香港、海峡殖民地之间。[1] 19 世纪 90 年代以后，轮船取代帆船的趋势仍然继续着。轮船公司相互竞争，也促使航线发生变化。到 20 世纪初，厦门与东南亚之间形成了几条相对固定的航线（表 5-1）。

表 5-1　20 世纪初厦门与东南亚之间的航线[2]

航线名称	航行路线	航行船只数
厦新线	厦门、汕头、香港、新加坡	20
新厦线	新加坡、汕头、香港、厦门	3
厦槟线	厦门、汕头、香港、新加坡、槟城	4
厦仰线	厦门、汕头、香港、槟城、仰光	3
中国—日本—爪哇线	日本、厦门、新加坡、香港、爪哇	5
厦马线	厦门、香港、马尼拉	4

上表显示，20 世纪初厦门与东南亚之间的航线大多还经过香港和汕头，往来和途经新加坡的路线占绝大部分，就航行船只的数量而言，厦新线的最多。与传统木帆船时期相比，厦门与菲律宾（马尼拉）的航运联系有减弱之势，而与马来半岛的联系十分紧密。这一趋势在 19 世纪 70—80 年代已初见端倪。当时厦门的商行中，有 11 家从事与新加坡等海峡殖民地的贸易，15 家从事与马加撒（望加锡，位于苏拉威西岛西南部）、巴达维亚、三堡垄和泗水间的贸易，从事与菲律宾群岛的贸易也是 15 家，还有 9 家从事暹罗和交趾支那（越南南部）间的贸易。[3] 虽然此时经营与

---

[1] 刘良山：《近代厦门对外贸易发展研究（1862—1911 年）——以历年厦门海关贸易统计报告为中心》，厦门大学 2008 年硕士学位论文，第 76—77 页。

[2] 周子峰：《近代厦门城市发展史研究：1900—1937》，厦门大学出版社 2005 年版，第 58 页。

[3] 厦门港史志编纂委员会编：《厦门港史》，人民交通出版社 1993 年版，第 134—135 页。

菲律宾贸易的商行数量还不算少,但在总体规模上不及经营"西洋"(马来半岛及印度尼西亚地区)贸易的商行。香港是厦门洋货进口贸易的转运港之一,大部分英国货都是从香港转运厦门。当然,除了英国及英属印度的货品经香港转运厦门外,也有东南亚地区的大米、海产品及其他贸易品经香港转运抵厦,但所占比例很小。以1873年的海关报告为例,来自东南亚的洋货,交趾的计324031两,新加坡等的计167955两,爪哇的计165008两,暹罗的计120236两,菲律宾的仅为47869两。[1] 可见在19世纪70年代,厦门从菲律宾进口的货物量已经缩减,但与新加坡、爪哇、暹罗等地的贸易量维持在较高水平。另外,由于厦门的厘金负担重于汕头口岸[2],东南亚往厦门的航线途经汕头,一些船只选择从汕头入口也就不足为奇。简而言之,20世纪初厦门与亚洲其他城市的海上交通在东南亚地区以新加坡为重中之重,新加坡作为轮船航运的中转点,再连接起与爪哇岛、马来半岛西岸、中南半岛等地的航线,而厦门与菲律宾群岛的航线仅止于马尼拉。这在一定程度上同当时厦门与东南亚之间的贸易格局相呼应,"西洋"更盛,并以新加坡为转口港延伸出多条支线,而与菲律宾的贸易不再向群岛内的其他港口拓展和深入。当然,贸易形势的变化与政治格局有着很大关系。因为在20世纪初美国殖民菲律宾时期,美国与菲律宾之间建立了自由贸易,双方产品免税,菲律宾的进

---

[1] 厦门市志编纂委员会、《厦门海关志》编委会编:《近代厦门社会经济概况》,鹭江出版社1990年版,第95—96页。
[2] 比如鸦片在汕头征收的厘金每箱比厦门少65海关两,因而鸦片从汕头经陆路运到漳州府,私下交易。参见厦门市志编纂委员会、《厦门海关志》编委会编:《近代厦门社会经济概况》,鹭江出版社1990年版,第26、126、190页。

口大宗由中国转移至美国。[①] 在这种背景下，中菲贸易急剧衰落，厦门与菲律宾的贸易关系减弱也就不足为奇了。

二、厦门出口东南亚的贸易商品

厦门作为通洋正口，与东南亚的贸易关系尤为密切，不仅贸易量突出，贸易商品的种类也十分丰富。由厦门出口东南亚的贸易商品既有闽南本地的土产，如陶瓷、漳纱、漳缎等，也有各地转运来的货物，如茶叶、雨伞、纸、铁锅、石料、药材等。以下择其要者加以介绍。

1. 陶瓷

福建自宋元时期便是外销瓷的重要产地，泉州、晋江、德化等地的青瓷和青白瓷产品在东南亚的陆地及水下遗址中多有发现。明清时期，闽南地区如漳州、德化等地的陶瓷产品畅销东南亚，厦门距产地不远，又于雍正年间被辟为通洋正口，成为陶瓷输出和东南亚商人前来购置瓷器的重要港口。《厦门志》明确提到了"厦门准内地之船往南洋贸易。……其出洋货物则……永春窑之磁器"[②]。

销往东南亚的中国陶瓷一方面满足了当地华侨的日常所需，另一方面也进入东南亚本地人群的生活，满足他们的物质及精神文化需求。《瀛涯胜览》"爪哇国"条记载了当地的用餐方式："欲吃饭时，先将水漱出口中槟榔渣，就洗两手干净，围坐，用盘满

[①] （菲）欧·马·阿利普：《华人在马尼拉》，载中外关系史学会编：《中外关系史译丛》第一辑，上海译文出版社1984年版，第119页。

[②] （清）周凯等纂：《厦门志》卷五，页二十七。

盛其饭，浇酥油汤汁，以手撮入口中而食，若渴则饮水。"① 《东西洋考》载："文郎马神（今印度尼西亚加里曼丹岛南部马辰一带）……初盛食以蕉叶为盘，及通中国，乃渐用磁器。"② 漳州窑烧造的大盘数量很多，与东南亚地区的食俗应该存在一定联系。爪哇岛的万丹和苏拉威西东南部的布顿岛均出土过漳州窑瓷器，这两个遗址处在穆斯林苏丹国范围内。③ 《热兰遮城日志》保留了中国商船运载瓷器从安海、厦门等港口出发，来此入港或停靠后前往马尼拉的记录。如1651年10月12日，有4艘船从厦门出发，载有1500捆粗制瓷器。④ 东南亚商人来厦门购买瓷器的情况在《厦门志》中也有记录。"番船"条载，在厦购买"磁器"的有：乾隆四十六年（1781年），吕宋夷商万梨落、郎吗叮；乾隆四十八年，夷商郎万雷。⑤ 位于南靖县、华安县交接处的东溪窑是明清时期的一处大规模外销瓷窑场，窑址出土的青花瓷产品与印尼海域"泰兴号"沉船出水的部分瓷器相同。⑥ "泰兴号"据称沉没于道光年间，尽管有研究者指出这艘船的真名并非"泰兴"，但据史料分析出该船由厦门出发前往巴达维亚，是一艘八九百吨级的厦门船。⑦ 除了周边地区的产品，位于厦门同安的坑仔口陶器厂所生产的龙凤套缸也曾销往海外，该厂创建于嘉庆二十五年（1820年），一直延

---

① 冯承钧校注：《瀛涯胜览校注》，中华书局1955年版。
② （明）张燮著，谢方点校：《东西洋考》，中华书局1981年版，第85—86页。
③ （英）甘淑美：《荷兰的漳州窑贸易》，《福建文博》2012年第1期。
④ 江树生译注：《热兰遮城日志·第三册（1648—1655）》，台南市政府2004年版，第269页。
⑤ （清）周凯等纂：《厦门志》卷五，页三十三。
⑥ 福建博物院、南靖县文物保护中心：《南靖县东溪窑封门坑窑址2015年发掘简报》，《福建文博》2015年第3期，第15页。
⑦ 陈国栋：《关于"的惺号"及其出水文物的一些意见》，载国家文物局水下文化遗产保护中心编：《水下考古学研究·第2卷》，科学出版社2016年版，第21—44页。

东溪窑出土青花瓷杯、碗
（引自《南靖县东溪窑封门坑窑址 2015 年发掘简报》）

"泰兴号"沉船出水青花瓷碗、杯、碟
（引自 *Nagel Auctions*：*Tek Sing Treasure*）

续到近年才停烧。① 1880 年的海关报告显示，从事厦门、新加坡、菲律宾群岛、暹罗和交趾等地直接贸易的中国商行运去的货物里都有瓷器。② 可见，厦门对东南亚的陶瓷出口在 19 世纪晚期依然延续。

2. 纺织品

明中叶以后，泉州的绸缎和漳州所产的漳纱、漳绒、漳缎等便

---

① 羊泽林、栗建安、宋蓬勃、陈建国：《东南龙窑技术的历史记忆——厦门同安坑仔口现代陶窑调查》，《南方文物》2011 年第 3 期，第 106 页。

② 厦门市志编纂委员会、《厦门海关志》编委会编：《近代厦门社会经济概况》，鹭江出版社 1990 年版，第 222 页。

大量外销。① 厦门在清代成为通洋正口，闽南地区生产的纺织品通过厦门港继续向东南亚地区输出。《厦门志》"洋船"条即云："厦门准内地之船往南洋贸易，其地为噶喇巴、三宝垄、实力、马辰、赤仔、暹罗、柔佛、六坤、宋居朥、丁家庐、宿雾、苏禄、东浦、安南、吕宋诸国，其出洋货物则漳之丝、绸、纱、绢。"② 同时，由于沿海贸易的进一步发展，厦门成为南北货物的汇集地，福建商人从江南带回的棉布和丝绸——苏州的布匹、纱缎、枲棉，浙江的绫罗、绵绸、绉纱、湖帕③等——也有部分经厦门向海外输出。

雍正十一年（1733年）的一份奏折显示，一名叫方成的商人想要去吕宋贸易，因为没有贩洋执照，货物被扣留并堆贮在厦门码头已有三年之久。这批货物主要包括丝织番袜和丝绸、绫缎，是质量较差的产品，在内地并不适用，只有贩卖出洋才可能有销路。根据厦门当地的牙行估价，除去部分霉烂虫蛀的物件，剩下的货物的价值仍达番银30223两。④ 可见当时由厦门销往东南亚的纺织品数量之多、价值之高。出于对丝绸、布匹等商品的需求，东南亚商人来厦贸易时也会购置这类货物。乾隆四十六年（1781年）来厦门贸易的吕宋夷商万梨落、郎吗叮和乾隆四十八年来厦的夷商郎万雷所购置商品中均有布匹，嘉庆十四年（1809年）来厦的郎棉一也购买了布匹。⑤

厦门开埠后，进出口商品结构发生变化。棉花、棉纱和各类棉

---

① 曾玲：《福建手工业发展史》，厦门大学出版社1995年版，第167页。
② （清）周凯等纂：《厦门志》卷五，页二十七。
③ （清）黄叔璥：《台海使槎录》，《台湾文献丛刊》第四种，台湾大通书局1984年版，第48页。
④ 中国第一历史档案馆编：《雍正朝汉文朱批奏折汇编》第二十四册，福建总督郝玉麟等雍正十一年二月二十日折，江苏古籍出版社1991年版，第8页。
⑤ （清）周凯等纂：《厦门志》卷五，页三十三、页三十四。

布成为进口商品，如五口通商时期，孟加拉和孟买的棉花，英国的各种棉布、棉纱，美国的斜纹布等棉纺织品陆续输入厦门。① 洋布与土布存在竞争关系，"民间之买洋布洋棉者，十室而九。由是江浙之棉布不复畅销，商人多不贩运，而闽省之产土布、土棉，遂亦因之壅滞，不能出口"②，厦门与东南亚的丝绸和布匹贸易也不复从前。

3. 茶叶

《厦门志》载："雍正六年，厦门正口始设，贩夷洋船准载土产茶叶、碗、伞等货，由海关汛口挂验出口，贩往各番地，交换其他国家的商品。"表明厦门在清代已是茶叶出口港之一。嘉庆十四年（1809年），郎棉一携带番银及各种东南亚土产来厦门贸易，购买运回的货品中即有"土茶"一项。③ 当时，从事厦门与东南亚之间的茶叶贸易利润很高，一担茶叶在厦门的价格为8元（西班牙元），广州为16元，运到爪哇后，其价格比在厦门多出2倍到3倍。④ 嘉庆二十二年，由于清廷规定武夷茶、松罗茶只能从广州出口，厦门对东南亚的茶叶出口贸易因而受挫。

洋关建立后，厦门的茶叶外销逐渐复苏，尽管与美国的茶叶贸易比重较大，但厦门与东南亚国家的茶叶贸易仍得到一定发展。如光绪六年（1880年），厦门从事与东南亚贸易的商行中，有11家将茶运往新加坡等海峡殖民地，9家将茶运往马加撒、巴达维亚、三

---

① 姚贤镐编：《中国近代对外贸易史资料（1840—1895）》第一册，中华书局1962年版，第585—586、584—585页。

② 中国史学会主编：《中国近代史资料丛刊：第二次鸦片战争（一）》，上海人民出版社1978年版，第356页。

③ （清）周凯等纂：《厦门志》卷五，页三十一、三十四。

④ 陈希育：《中国帆船与海外贸易》，厦门大学出版社1991年版，第258页。

宝垄和泗水，9家将茶运往暹罗和交趾支那。① 有研究指出，虽然福建茶叶的出口在19世纪晚期开始衰落，但以乌龙茶为主的"侨销茶"——面向香港和东南亚华侨华人消费群体的茶叶的销售，使厦门与东南亚的茶叶贸易得以存续，厦门也借此成为近代福建"侨销茶"的主要出口地。20世纪30年代，东南亚华人的侨销茶高达三四百万千克，其中单新加坡一地的年进口量即高达50万至90万千克，其中相当一部分是经新加坡分销至东南亚各地。② 由此推断，近代厦门与东南亚的茶叶贸易维持着不小的规模。

4. 其他商品

厦门出口东南亚的商品中，还有一些日用杂货，输出数量较多的是伞和铁锅。乾隆四十八年（1783年）和嘉庆十四年（1809年）载着东南亚土产来厦门贸易的夷商都购买了雨伞。③ 福建生产的铁器自明朝起已经外销，有清一代，亦通过厦门向东南亚输出。从厦门驶往菲律宾的"海马号"的载运货物一览表显示：1739年，运载2000口大小不等的平底锅和1000担中国生铁；1740年，运载1880口平底锅，800担生铁。该船的这两次航行也都载有雨伞，且数量较大，1739年为20000把深色纸伞和800把大彩伞，1740年为18000把深色纸伞和900把大彩伞。④

厦门与东南亚的贸易商品中，尽管大量香料（香药）是由东南亚向厦门流动的，但也有部分中国药材从厦门出口至东南亚。《厦

---

① 厦门市志编纂委员会、《厦门海关志》编委会编：《近代厦门社会经济概况》，鹭江出版社1990年版，第22页。
② 水海刚：《中国古代海上丝绸之路的近代演变——以环南中国海地区为视域》，《光明日报》2019年3月11日第14版。
③ （清）周凯等纂：《厦门志》卷五，页三十三、页三十四。
④ （墨）维·罗·加西亚：《马尼拉帆船（1739—1745）》，载中外关系史学会编：《中外关系史译丛》第一辑，上海译文出版社1984年版，第180—183页。

门志》中明确保留了东南亚夷商于乾隆及嘉庆年间来厦购买药材的记录,既可调味又具有药用价值的桂皮亦有出口。① 清代中国与越南、泰国、印度尼西亚、马来半岛、菲律宾都保持着一定规模的药材贸易及相当程度的中医文化交流,部分中草药材从厦门出口,经海路销往其地,涉及的药材包括土茯苓、大黄、泽泻、人参、桂皮、明矾等。②

此外,纸、墨之类的文房用具和石条、砖瓦等建筑材料也曾由厦门向东南亚出口。

三、厦门从东南亚进口的商品

厦门从东南亚进口的商品中,最为重要的是大米。东南亚湿热多雨的自然条件也孕育了丰富的海产品和各类香料。海参、鱼翅等商品因中国人"食补"观念的强化而备受青睐。各种香料(香药)如胡椒、檀香等原本多是朝贡贸易的商品,仅仅为上层阶级所享用,随着它们逐渐进入普通民众的日常生活,其贸易量也进一步增加。厦门自清代起作为南洋贸易的中心,无可置疑地成为这些东南亚大宗商品的重要进口地。与此同时,珍稀商品如玳瑁、珍珠、象牙等也继续由东南亚经厦门输入中国。

1. 大米

明清时期,闽南是粮食短缺区,米谷要从外运入。除了其他省份的供应,东南亚地区亦有大米输入闽南。清廷为鼓励从东南亚进口大米,采取了一些措施,比如:免除大米进口税和减免随大米载

---

① (清)周凯等纂:《厦门志》卷五,页三十三。
② 冯立军:《古代中国与东南亚中医药交流研究》,云南美术出版社2010年版,第103—106、128—129页。

运的货物税，奖励自备资本从国外运米回国的商民或赏给职衔等。[1]厦门作为大米的分销和转运港，不仅供应福建本省，甚至曾为浙南和粤东提供米粮。东南亚地区中，暹罗的大米生产最为富足。康熙末年曾下令从暹罗进口大米30万石，分运到福建、广东、浙江宁波等处贩卖，且不收税。[2]雍正六年（1728年），暹罗国王派遣商人运载大米等货物到厦门贸易，清廷准其就地发卖且免征米税。[3]暹罗的大米产量异常丰裕，米价长期保持在低于其他国家的水平，使其大米出口有利可图，再加上清廷免税措施的鼓励，暹罗商人不断运输大米到厦门贸易。暹罗以外，吕宋的大米生产也较为充足，早在康熙五十六年（1717年）禁止南洋贸易前，便常有吕宋大米运来厦门出售。[4]乾隆年间（1736—1795），由于朝廷同意给自备资本领照去暹罗等国运米回福建"数至二千石以上者，按数分别生监、民人赏给职衔、顶戴"，国内商民也积极买运洋米进口。乾隆三十年之前，从东南亚运来的大米大多由厦门入口，且数量可观。如，乾隆十六年，暹罗商船一艘运来4000余石；乾隆二十年，吕宋商民郎一氏沼吧载运大米10000余石到厦门；乾隆二十二年，从东南亚返航厦门各船运来大米共计52000余石；乾隆二十四年，运回21200余石。[5]然而，由于大米运费高、体积大、价值低，运米回

---

[1] 李金明：《清代前期中国与东南亚的大米贸易》，《南洋问题研究》1990年第4期，第97、99页。

[2] 《清圣祖仁皇帝实录》卷二九八，页二。

[3] 《清世宗宪皇帝实录》卷六六，页十。

[4] （清）蓝鼎元：《论南洋事宜书》，见《清经世文编》卷八三，页三十九，中华书局1992年版，第2045页。

[5] 李金明：《清代前期中国与东南亚的大米贸易》，《南洋问题研究》1990年第4期，第99—102页。

国利润低微①，到18世纪后期，从事海外大米贸易以及与暹罗直接贸易的福建商人已大为减少，同为缺粮省份的广东更多地参与大米进口且长期采取免税措施，粤东的潮州人逐渐取代福建商人从事与东南亚的大米贸易，厦门进口的大米数量减少。

2. 苏木

苏木，又名苏枋，可提取染料，亦可供药用。晋人嵇含最早在《南方草木状》中对其进行记载，云其"出九真（今越南）"②。东南亚是苏木的主要产区，越南之外，柬埔寨、泰国、马来西亚、印度尼西亚、菲律宾也都出产苏木，宋元时期大量输入中国。③

厦门与东南亚的苏木贸易主要是在清代，《厦门志》中便有相关记录。乾隆四十六年（1781年），吕宋夷商万梨落及郎吗叮先后来厦门贸易，带来的货物中均有苏木；乾隆四十七年，夷商郎安敦、牛黎美亚遭风到厦，船上也载有苏木；乾隆四十八年，夷商郎万雷来厦，苏木是所载货物之一。④ 东南亚输入厦门的苏木贸易量没有确切统计，但厦门作为南洋贸易的中心，大量东南亚土产由此入口是可以肯定的。同时，有不少闽南商人参与将苏木等南洋商品转运到北方的北艚贸易。

3. 海参

最早记录"海参"的中文文献是明万历年间（1573—1620）的《五杂俎》，海参因其"温补"的药理作用逐渐受到关注，而中国从

---

① （清）蓝鼎元：《论南洋事宜书》，见《清经世文编》卷八三，页三十九，中华书局1992年版，第2045页。
② （晋）嵇含：《南方草木状》卷中，页三，"苏枋"条，广东科技出版社2009年版，第29页。
③ 赵丰：《海交史上的苏木》，《海交史研究》1986年第1期，第21—23页。
④ （清）周凯等纂：《厦门志》卷五，页三十三。

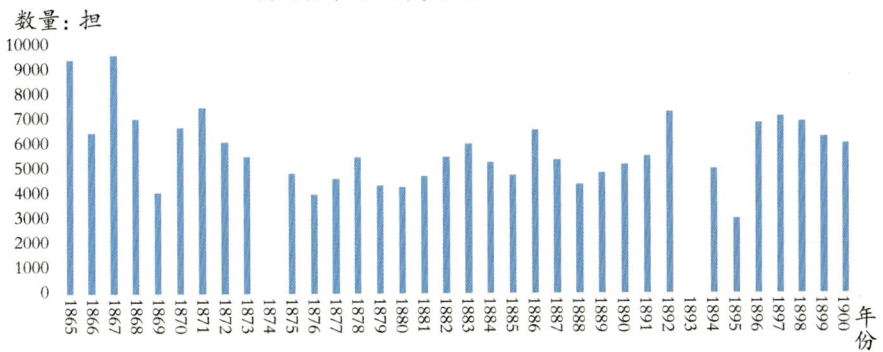

厦门各年进口海参数量统计（1865—1900）

东南亚进口海参的时间不迟于明末。① 海参广泛分布于东南亚海域，据《海国闻见录》记载，吕宋、苏禄、吉里问、文莱、朱葛礁喇、马神、暹罗、丁噶呶、彭亨、柔佛等地均产海参②。雍正二年（1724年）刊布的"关税科则"中，海参每百斤例征三钱，③ 说明当时的海参贸易已有一定规模。雍正年间的奏折明确提到了中国商人往东南亚贸易，载运海参回到厦门。高其倬在奏折中称："查福建往安南贸易之洋船多有往南洋去者。今据厦门同知将备各员禀称，有往安南贸易洋船二只回厦，实系往噶喇巴回来，所带回货物系海参、苏木等物……"④ 19世纪中叶后，中国与东南亚的海参贸易进入平稳增长期，厦门每年从马尼拉输入的海参为两三千担，

---

① 戴一峰：《饮食文化与海外市场：清代中国与南洋的海参贸易》，《中国经济史研究》2003年第1期，第83—84页。
② （清）陈伦炯撰，李长傅校注，陈代光整理：《〈海国闻见录〉校注》，中州古籍出版社1985年版，第41—43、53—54页。
③ （清）周凯等纂：《厦门志》卷七，页二十一。
④ 中国第一历史档案馆编：《雍正朝汉文朱批奏折汇编》第十册，福建总督高其倬雍正五年七月初十日折，江苏古籍出版社1991年版，第194—195页。

1864年厦门从印度尼西亚进口的海参达4000余担。据海关报告统计①，1865—1900年间的绝大多数年份，厦门每年进口的海参数量稳定在4000担以上，最高时达9500余担。

4. 香料

香料是东南亚地区的传统贸易商品，自宋以来就源源不断地输入中国。明清时期，随着用香文化的普及和对香药作用的认识深化，国内对香料的需求进一步增长，继续从东南亚等地进口大量香料。《海国闻见录》载，吕宋、利仔发、甘马力产降香、束香，苏禄、吉里问、文莱、朱葛礁喇产冰片、降香，马神产胡椒、降香、豆蔻、冰片，广南、交趾产楠沉诸香，柬埔寨产降香、沉束诸香，暹罗及其属国产沉束、冰片、降香，麻喇甲产胡椒、降香，噶喇巴产胡椒、檀香，等等。②而这些国家和厦门之间均有航线，厦门在清代成为南洋贸易中心，"关税科则"对各种香料的征税标准作了明确规定，种类繁多的香料由厦入口并分销全国。厦门关还对部分香料的税额给予优惠，如"速香每百斤例一两五钱，厦征一两一钱七分"，"檀香百斤上者例一两，厦征九钱一分"③，很可能是为了鼓励商人们多进口这几种香料。在利益的驱动下，中国商民积极参与东南亚的香料运销，厦门的贸易船只无疑在其中扮演了重要角色。1776年的记录明确显示，厦门商船从苏禄返航时载回的香料有加龙安油、丁香树皮、肉桂、胡椒、樟脑、檀香木、用于神龛的稀有香

---

① 戴一峰：《18—19世纪中国与东南亚的海参贸易》，《中国社会经济史研究》1998年第4期，第74—77页。

② （清）陈伦炯撰，李长傅校注，陈代光整理：《〈海国闻见录〉校注》，中州古籍出版社1985年版，第43—44、49—51、53—55页。

③ （清）周凯等纂：《厦门志》卷七，页三十。

料。[1] 道光十年（1830年），从苏禄返航的厦门帆船所载香料则有婆罗洲东岸产的樟脑和巴西兰、棉兰老所产的胡椒、丁香。[2] 但随着西方贸易者陆续东来，在东南亚建立贸易据点和殖民地，当地的香料货源更多地被西方人控制，逐渐成为西方贸易者以东南亚为中转的对厦贸易的一部分。

5. 木材

船舶是海上交通的必备工具，厦门作为洋船贸易中心和海防要地，也是造船重镇，曾设有官方的军工造船厂，也有民间商人投资造船用于贸易。《厦门志》载："泛洋商船，桅用番木，购自外番。"桅木种类繁多，共有八种，"战舰亦间用番木"。[3] 高其倬在呼吁解除海禁时，也曾提到外国洋船的桅杆材质更佳，优于国内船只所用木料。[4] 东南亚地区因其自然条件盛产木材，譬如吕宋、苏禄、文莱、暹罗等地广泛分布的乌木[5]适于制作家具和装置品，暹罗的柚木尤其适合造船。考古资料也表明清代船舶的建造确实使用了东南亚木材。发现于浙江象山海域的"小白礁Ⅰ号"是一艘道光年间的沉船，其船体用材鉴定显示以龙脑香科为主，艉龙骨木料为马鞭草科，这类木材主要分布于东南亚地区。[6] 清代厦门从东南亚进口木材的数量尚无确切数据，考虑到官方的泉

---

[1] 冯立军：《古代中国与东南亚中医药交流研究》，云南美术出版社2010年版，第129页。

[2] 黄滋生、何思兵：《菲律宾华侨史》，广东高等教育出版社1987年版，第240页。

[3] （清）周凯等纂：《厦门志》卷五，页四、页十五。

[4] （清）陈寿祺等撰：《福建通志》卷一四〇，页九、页十，华文书局1968年版，第2469页。

[5] （清）陈伦炯撰，李长傅校注，陈代光整理：《〈海国闻见录〉校注》，中州古籍出版社1985年版，第43—44、53页。

[6] 金涛：《浙江宁波象山"小白礁Ⅰ号"清代沉船树种鉴定和用材分析》，《文物保护与考古科学》2015年第2期，第34—39页。

州造船厂和浙江温州府也从厦门采购进口梗木[①]，厦门与东南亚的木材贸易应该具有一定规模。梗木等造船用木不足，也迫使清代国内造船业在一定程度上依赖东南亚木材，加之国内造船成本高昂，于是一些中国商民开始在东南亚投资造船。清廷对造船业的控制向来严格，但东南省份缺粮的现实问题令其在海外造船的问题上作出了让步，准许商民在暹罗造船买米运回并发给牌照[②]，令海外造船合法化。由此，除直接从东南亚进口木材以外，也产生了在东南亚利用当地木材建成船舶后回棹"进口"的现象，厦门作为通洋正口，无疑也成为这类船舶的"进口地"。

第三节　厦门与其他国家的贸易

1836年来华的法国医生老尼克（Paul Emile Daurand Forgues）曾于日记中记述他在厦门停留期间的见闻和感想。4月15日的日记中，他这么写道："这座城市位于一座很大的岛屿上，占据了一片深海港的左岸。城市的对岸有一个小岛'鼓浪屿'，岛上的排炮正对着厦门的入口，任何胆敢闯入的船只都有被击沉的危险。小岛和城市之间的海道有四分之三英里宽，水深约十二法寻。这是一个优秀的良港，船只的装载和卸运极为方便，甚至可将货物直接送达家门口。港内完全避风，进出港安全无险。"老尼克认为，这些优势令厦门成为中国最大的货物集散地之一。当然，

[①] 陈希育：《中国帆船与海外贸易》，厦门大学出版社1991年版，第105页。

[②] 李金明：《清代前期中国与东南亚的大米贸易》，《南洋问题研究》1990年第4期，第99页。

他也知道自己并非最早意识到厦门港条件优越的外国人。在日记中，老尼克进一步谈到，厦门"本应该是——曾经是——第一个向欧洲开放的港口"，荷兰人、英国人、西班牙人都曾尝试建立与厦门的贸易联系，虽然很多时候，结果并不令他们满意。①

尽管厦门与东南亚国家的贸易关系更为紧密，但与欧美国家及其他地区的直接或间接的贸易往来也是厦门海外贸易发展历程中不可忽略的篇章，更是厦门作为海上丝绸之路重要港口的历史见证。

一、厦门与葡萄牙的贸易

16世纪初，葡萄牙人率先进入亚洲海域，之后西班牙人、荷兰人、英国人等西方贸易者相继东来。

1511年，葡萄牙人征服马六甲，开始参与东南亚贸易，随即又将贸易活动扩大到印尼群岛，并于1514年到达广东屯门。1518年，葡萄牙人首次抵达福建沿海的Chincheo，即漳州河口，也就是漳、泉之交的大厦门湾。杨国桢结合中葡史料考证认为，葡萄牙人最早到达Chincheo的"海岸城市"很可能是指月港，1542年前后他们在Chincheo的居留地并非漳州陆地，而在同安极南的浯屿。② 厦门作为月港的外港，当时尚多称"中左所"，归泉州府同安县管辖，无疑是大厦门湾的一部分。张燮在《东西洋考》"内港水程"中也已明确对"中左所"进行记载，更谈到"中左所一

---

① （法）老尼克著，钱林森、蔡宏宁译：《开放的中华：一个番鬼在大清国》，山东画报出版社2004年版，第78—80页。
② 杨国桢：《葡萄牙人Chincheo贸易居留地探寻》，《中国社会经济史研究》2004年第1期，第1—8页。

名厦门，南路参戎防汛处，从前贾舶盘验于此"。① 而葡萄牙人的居留地浯屿又是进出大厦门湾的必经之地，同安料罗澳（今金门料罗湾）、曾家澳（今厦门曾厝垵）等处②曾是葡萄牙人的停泊点。不难想见，当时的葡萄牙贸易者对厦门的港口条件和贸易环境已经有一定认识。

《漳州府志》载，嘉靖二十六年（1547年），"有佛郎机夷船载货于浯屿地方货卖，漳泉贾人辄往贸易"。③ 葡萄牙人在大厦门湾的浯屿与闽南商人开展贸易活动，起初采用的是以货易货的方式，这一点从漳州和厦门本地未发现早期葡萄牙银币的事实中也能得到印证。1535年以后，随着西班牙在美洲开采的银矿被大量铸造成银币，葡萄牙人开始使用西班牙银币与中国人交易。④ 当时，葡萄牙与大厦门湾的贸易航线以东南亚为中转地，因为在这里葡萄牙人可以获得胡椒、檀香、丁香等香料以及其他可用于同中国人贸易的东南亚土产，这里同时也是他们返航时分销部分货物的区域，还有部分商品则被运回葡萄牙国内及欧洲市场。尽管当时的厦门不是葡萄牙人的直接贸易地，但这一时期他们在厦门湾的贸易尝试与后来的其他欧洲贸易者们认识厦门、选择厦门作为居留地开展贸易活动，无疑有着密不可分的联系。

1557年，葡萄牙人在澳门建立贸易据点，开辟了里斯本—果

---

① （明）张燮著，谢方点校：《东西洋考》，中华书局1981年版，第171页。
② 杨国桢：《葡萄牙人Chincheo贸易居留地探寻》，《中国社会经济史研究》2004年第1期，第3页。
③ （明）罗青霄修纂：《漳州府志》卷之十二，页十三。
④ 葡萄牙人在东方贸易很少使用本国钱币，但曾先后采用西属美洲制造的"本洋"十字银币和葡属殖民地制造的钱币。由于中国东南沿海贸易的兴盛，"本洋"十字银币流入大厦门湾一带。参见林南中：《漳州外来货币概述》，福建人民出版社2014年版，第12—13页；陈亚元、陈国林：《厦门货币图录》，厦门大学出版社2012年版，第84页。

阿—马六甲—澳门—长崎的远距离往返航线,并以澳门为中继点连接与东南亚的支线航路,涉及地点包括马尼拉、望加锡和帝汶、越南和暹罗。① 这一阶段,厦门湾与该贸易航线的接续是通过中国商人来完成的,闽商又在其中扮演了尤为重要的角色,一些贸易商品也由厦门湾口运往澳门再流入葡萄牙人的贸易航线。漳州窑的部分产品专供外销,有学者认为其兴起与葡萄牙在嘉靖年间以月港、浯屿作为贸易点有一定联系。② 目前发现的中国为欧洲特别定烧的最早的外销瓷,是现存里斯本的属于葡萄牙 Manuel 一世（1469—1521）的青花纹章瓷执壶。③ 葡萄牙人来华贸易订购的大量青花瓷产自江西,可经广昌运达月港、浯屿等沿海贸易点。这些从景德镇运来的瓷器使得月港周边兴起仿烧之风,"磁器,自饶州来……近年月港窑仿饶州而为之,稍相似不及其雅"④。"月港窑"指的其实就是漳州窑,其始烧年代一般认为在嘉靖（1522—1566）时期,与葡萄牙人在厦门湾活动的时间一致。

漳州窑的生产高峰主要在明末清初,尽管葡萄牙人已转移至澳门贸易,但相继而来的西班牙人和荷兰人在漳州窑瓷器的贸易中占据主导地位。经澳门运回欧洲的瓷器虽以景德镇产品为主,也仍有少量漳州窑瓷器出现在澳门的考古遗址中,表明厦门湾与葡萄牙人的贸易航线依然存在一定程度的联系。在澳门圣奥斯丁修院及叶家园的考古工作中出土的漳州窑青花航海图盘绘有帆船、

---

① 吴春明:《涨海行舟:海洋遗产的考古与历史探究》,海洋出版社 2016 年版,第 148 页。
② 肖发标:《中葡早期贸易与漳州窑的兴烧》,《福建文博》1999 年增刊,第 52 页。
③ 叶文程、罗立华:《中国青花瓷器的对外交流》,《江西文物》1990 年第 2 期,第 109 页。
④ 《安海志》修编小组编:《安海志》卷十一,1983 年,第 117 页。

漳州窑青花航海图盘

罗盘、海浪与巨鱼等常出现在同时期欧洲地图上的航海象征，并辅以中式楼台、山水、花卉，是中、西装饰元素的融合。这些意象一同出现在具有贸易品性质的漳州窑瓷器上，进一步反映出漳州窑与西方贸易者及航海贸易的密切关联。

二、厦门与西班牙的贸易

西班牙人进入亚洲开展贸易的时间略晚于葡萄牙人。1521年，西班牙船队探寻东方航路，开拓了绕南美进入太平洋，西行菲律宾的航路。16世纪下半叶，西班牙舰队先后在宿雾岛、吕宋岛建立殖民地，发现了东渡太平洋到达阿卡普尔科的航线。1580年，西班牙人在东南亚的影响力更为扩大，尤其是在马尼拉与中国沿海的东洋贸易中占得一席之地。由此，西班牙商船建立起马尼拉—阿卡普尔科（墨西哥西岸）—维拉克鲁斯（墨西哥东岸）—西班牙的"马尼拉大帆船"贸易航线。[①] 中国的丝绸和瓷器是此航线上非常重要的贸易商品，厦门湾与该航线的连接正是以这些中国商品为媒介，通过厦门湾周边闽南商人的出洋贸易达成的，早先是经月港，厦门成为通洋正口后则经厦门。雍正十一年（1733年）的一份奏折称："吕宋地方，系西洋干丝腊泊船之所。自厦门至彼，水程七十二更。漳、泉二府人民向在该处，贸易者甚多。现在住居者，有一二万人。地极繁盛，人多殷富。内地载往货物，俱系干丝腊番舶运载番银，至此交易。"[②] "干丝腊"是Castilla的音译，即西班牙，可见清代厦门往吕宋的贸易有很大比例是与西班牙人的贸易，大量西班牙银币因此流入闽南。

　　一定程度上而言，厦门与西班牙的国内市场及其美洲殖民地的贸易是间接进行的，但贸易商品的流动却是贸易航线上的"血液"，为贸易活动的持续开展提供了不竭动力。经过厦门及大厦门湾区域输入西班牙人贸易航线的商品主要是丝绸、陶瓷之类，兼有部分土产。崇祯十二年（1639年），给事中傅元初的《请开洋禁疏》谈到，华人往吕宋贸易能获得西班牙银币，而西班牙人喜欢中国的"绫缎杂缯"，因为当地没有蚕，也只有中国的生丝才能织出精美的缎匹，"是以中国湖丝百斤值银百两者，至彼得价二

---

① （英）甘淑美：《西班牙的漳州窑贸易》，《福建文博》2010年第4期，第58页。
② 中国第一历史档案馆编：《雍正朝汉文朱批奏折汇编》第二十四册，福建总督郝玉麟雍正十一年四月初五日折，江苏古籍出版社1991年版，第266页。

倍""江西磁器、福建糖品、果品诸物皆所嗜好"。① 陈伦炯在《海国闻见录》中也说:"东南洋诸番,惟吕宋最盛,因干丝腊、是班呀番舶运银到此交易,丝绸、布帛、百货尽消。"② 考古资料显示,明末清初经吕宋进入马尼拉大帆船贸易航线的瓷器并不仅仅是景德镇的"江西磁器",还有不少产自厦门湾附近的漳州窑产品。最为生动的证据是航路中发现的西班牙沉船,1576年沉没于南加利福尼亚海岸的"圣菲利普号"(San Felipe)和1595年沉没于德雷克斯海湾的"圣奥古斯丁号"(San Agustin)均载有漳州窑瓷器。③ 另一艘载有漳州窑产品的沉船——1600年在吕宋岛海域沉没的西班牙战舰"圣迭戈号"(San Diego)④,则更为明确地显示出贸易航线的接续情况。"圣菲利普号"和"圣奥古斯丁号"的沉船位置在太平洋东岸,距墨西哥不远,反映漳州窑瓷器通过大帆船贸易转运美洲,供应西班牙的殖民地市场。"圣迭戈号"发现地点距马尼拉不远,是传统东洋航路与西班牙人亚欧航路的交汇处,进一步表明在明末清初,厦门湾与西班牙人的贸易航线已通过瓷器等商品连接起来。

张燮在《东西洋考》中已经指出"今华人之贩吕宋者,乃贩佛郎机者也"⑤,厦门在清代成为通洋正口后,洋船源源不断地前往菲律宾群岛,厦门与西班牙人的贸易联系变得更为直接和紧密。

---

① (明)傅元初:《请开洋禁疏》,《台湾文献史料丛刊》第二辑,台湾大通书局1984年版,第54页。
② (清)陈伦炯撰,李长傅校注,陈代光整理:《〈海国闻见录〉校注》,中州古籍出版社1985年版,第42页。
③ (英)甘淑美:《西班牙的漳州窑贸易》,《福建文博》2010年第4期,第59—60页。
④ (日)森村健一:《菲律宾圣迭戈号沉船中的陶瓷》,《福建文博》1997年第2期,第70页。
⑤ (明)张燮著,谢方点校:《东西洋考》,中华书局1981年版,第89页。

据统计，1739年到达菲律宾群岛的25艘中国商船里有16艘来自厦门，1740年有6艘来自厦门，1741年来自厦门的为4艘，1742年为11艘。[①] 上文提到的西班牙人喜爱的中国商品，如"绫缎杂缯""江西磁器、福建糖品、果品诸物"[②]等，在这一时期由厦门驶抵菲律宾的商船所载货物中依然可以看到，对比从澳门来的商船的运货情况，我们可以发现一些区别（表5-2）。

表5-2 从厦门、澳门驶往菲律宾的商船所载主要货物

货物类别	从厦门驶来的商船载货	从澳门驶来的商船载货
织物	三等棉布、粗布、普通亚麻布、次等白亚麻布、普通毛毯、披肩、粗毛毯、次等粗毛毯、薄毛织品、普通薄毛呢、普通棉布、普通白绸、印花绢、丝袜、三等丝袜、三等男（女）袜、布袜	六股丝花边绸、六股丝彩绸、四股丝彩绸、花边绸、广州毛毯、薄毛呢、广州长袜、二等长袜
生丝	下等生丝、粗丝、乱丝、三等乱丝、三等粗丝、三等束丝	无
瓷器	粗瓷杯、中等粗瓷盘、粗瓷盘、大瓷盘	细瓷器
食品	茶叶、冰糖、甜柑、干桂圆、荔枝、核桃仁、小麦	果酒、普通酒、白酒、小饼干
其他	明矾、纸伞、渔网、绳索、台阶石料、石板、普通虫漆片、深色虫漆、次等虫漆、屏风、写字桌、生铁、平底锅	虫漆、蔷薇枝条编制的纸篓、加工台阶石料、生铁、小平底锅

注：表格内容整理自中外关系史学会编：《中外关系史译丛》第一辑，第180—184页。

织物方面，从厦门驶来的商船所载品种更为丰富，但鲜见真正意义上的"丝绸"产品——这类高价商品由从澳门驶来的商船载运，而棉布、亚麻布之类只出现在从厦门来的船上。另外，从澳门来的商船不载生丝，从厦门驶来的商船则载运生丝、乱丝、

[①] （墨）维·罗·加西亚：《马尼拉帆船（1739—1745）》，载中外关系史学会编：《中外关系史译丛》第一辑，上海译文出版社1984年版，第177—178页。

[②] （明）傅元初：《请开洋禁疏》，《台湾文献史料丛刊》第二辑，台湾大通书局1984年版，第54页。

粗丝等，但多是"三等""下等"品质的货物，这一点与上一节里提到的雍正十一年（1733年）的奏折中所说的，原本要贩往吕宋但被扣留在厦门码头的织物是质量较差的产品，贩卖出洋才可能有销路①的情况可相印证。瓷器的情况也类似，从厦门运来的基本是粗瓷，且以中、大尺寸的瓷盘为主，而从澳门运来的是更为精美的"细瓷器"。可以推断，粗瓷很可能是厦门周边的产品，而细瓷器指的应该是景德镇的瓷器。食品类货物中，茶叶是福建极具经济价值的外销商品，冰糖、甜柑、干桂圆、荔枝当是闽南一带的土产；从澳门运来的酒和饼干则属于深加工产品——相对而言价值更高且易于保存和运输。

值得注意的是，从厦门运来的瓷器中，除了"粗瓷杯""中等粗瓷盘""粗瓷盘"之外，还有一项为"大瓷盘"，但并未用"粗"字来形容，暗示这类瓷盘比其他一同运来的瓷器质量要好——至少在西班牙人的认知和审美中并非粗劣的产品，表明清代厦门周边生产的用于外销的瓷器也不全是粗瓷。

18世纪晚期，随着英、美等国在对华贸易中的影响力不断增强，再加上西属美洲的白银产量下降，西班牙的马尼拉大帆船贸易走向衰落，并最终于1815年结束。至此，厦门与西班牙在帆船时期的贸易也告一段落。

三、厦门与荷兰的贸易

继葡萄牙、西班牙之后，荷兰于17世纪进入亚洲海域开展贸易，明清史籍称荷兰人为"红毛番""红夷"或"和兰人"。荷兰

---

① 中国第一历史档案馆编：《雍正朝汉文朱批奏折汇编》第二十四册，福建总督郝玉麟等雍正十一年二月二十日折，江苏古籍出版社1991年版，第8页。

人的贸易由荷兰东印度公司垄断,他们多次尝试在中国沿海建立贸易站而未果,但因为每年有福建商人运载商品前往大泥(北大年)、吕宋、咬留吧,"和兰人就诸国转贩"。《东西洋考》中也记载了福建商人与荷兰人在东南亚贸易的情况,比如海澄人李锦,"久驻大泥,与和兰相习",潘秀、郭震"亦在大泥,与荷兰贸易往返"。[①] 1619年,荷兰人开始以位于爪哇岛西北海岸的巴达维亚(噶喇巴)为中心,大规模地开展亚洲内部的贸易,并将东方的商品运回欧洲。17世纪30年代起,荷兰东印度公司以位于今台南的热兰遮城为据点,进行各种贸易品的转运,直至1662年郑成功收复台湾。因助清击败郑氏水师,康熙二年(1663年),荷兰人终于获得两年来华一次的合法贸易地位。

相较而言,荷兰人与厦门的贸易关系比起葡萄牙人、西班牙人更为直接,尤以郑氏海商集团活跃时期为盛。需要注意的是,郑氏与荷兰人的贸易关系是合作与冲突并存的。一方面,为换取白银和香料,郑芝龙许诺向荷兰人提供丝绸、瓷器等中国商品,后者则利用它们从事与日本的贸易[②];另一方面,郑氏集团与荷兰人也发生过较大规模的海战。

厦门与荷兰的贸易往来在这一时期正是以郑氏集团为纽带、以热兰遮城为中转站展开的。当时,荷兰人的亚欧贸易主要是以巴达维亚为集散地,分布着巴达维亚—印度洋—阿姆斯特丹往返航路以及巴达维亚分别连接热兰遮城、马尼拉、平户等地的支线,而以热兰遮城为中转站的厦门至巴达维亚的间接贸易航线无疑为荷兰人的整条亚欧航路和各支线提供了重要货源。厦门为之输出

---

① (明)张燮著,谢方点校:《东西洋考》,中华书局1981年版,第127页。
② (荷)包乐史著,庄国土、吴龙、张晓宁译:《巴达维亚华人与中荷贸易》,广西人民出版社1997年版,第17页。

的主要贸易商品是瓷器和砂糖,《热兰遮城日志》保留了相关记录。如 1631 年 7 月 10 日的记载称,有一艘戎克船从安海抵达热兰遮城,带了一封一官(郑芝龙)的信件,信里谈到他将于今日定居厦门,并已派人去收购白糖和精致瓷器。1633 年 9 月 15 日的记录也显示郑芝龙垄断着对荷兰人的贸易。[①] 大员商馆日志里的记录也反映出厦门对荷兰人贸易航线的供货情况。如,1636 年 3 月 21 日的一则记录称"又有一艘戎克船自厦门装载了 15000 斤的粉砂糖和五箱金条到达"。1637 年 5 月 15 日的记录更为详细地列明了两艘来自厦门的戎克船的载货情况,包括"白粉砂糖 100000 斤,白蜡 4000 斤,明矾 12500 斤,细瓷器 130 篓"。中国砂糖从厦门等地输入荷兰人在台贸易据点后转口运出,有的运回荷兰本国,有的流向与荷兰有贸易关系的其他国家及地区。据估计,1622 年约有 22 万磅的中国砂糖运至荷兰本国,1637 年更是有 110 万磅以上的中国白粉砂糖运回;部分中国砂糖则被荷兰人贩运到波斯,如 1628 年荷兰东印度公司的载往波斯的商船货单上有"中国粉砂糖 36404 斤",1637 年自苏拉特(Surat,位于印度)开往甘隆(Gamron,位于波斯湾)的荷兰船所载货物中包括"中国白砂糖 19100 斤"。[②] 陶瓷贸易方面,荷兰人十分明确地将中国的贸易瓷分为"细瓷"(fine porcelain,或译为"精美瓷器")、"粗瓷"(coarse porcelain)两类,而且从《热兰遮城日志》中的记载来看,荷兰人也经营着数量可观的陶罐贸易。"精美瓷器"一般指景德镇的产品,从澎湖、台湾出土的遗物与漳州窑发掘出的产品相对照来看,"粗瓷"指代的是漳

[①] 江树生译注:《热兰遮城日志·第一册(1629—1641)》,台南市政府 2002 年版,第 123 页。

[②] 林文涨:《回首鹿耳门——纪念郑成功复台 333 周年》,泽伟出版社 1993 年版,第 34—36 页。

州窑瓷器。① 厦门邻近漳州窑产地，又是郑氏集团发船运货的重要港口之一，经营与荷兰人的瓷器贸易自然在情理之中。这一阶段，厦门与该贸易航线的衔接也通过华商将货物运至巴达维亚来完成，具体涉及的贸易商品可以通过《巴达维亚城日记》里保留的记录稍得一窥。如1653年2月14日，一艘从厦门来巴城入港的船，载有大量日本铜、10~20担中国生丝及中国杂货；1657年2月16日，一艘厦门的帆船驶抵，载运的货物为铜、金丝、铁锅、中国纸、上等磁器、粗磁器、茶等。② 可以看到，由厦门输往荷兰人贸易航线的商品种类十分丰富。

  关于荷兰输入厦门的贸易商品，我们可以从明末荷兰人在大厦门湾求市的情形中获得一些线索。《东西洋考》"红毛番"条载，荷兰人担心被周之范出卖，于是向他索回钱财，"只以哆啰嗹、玻璃器及夷刀、夷酒遗珰，将乞市夷文代奏"，后文进一步列出其物产为"金、银钱、琥珀、玛瑙、玻璃、天鹅绒、琐服、哆啰嗹、刀"。③ 可以看出，荷兰人在贸易之初曾尝试用纺织品和玻璃器、夷刀之类的手工业品交换中国商品，但并未成功。从后来荷兰东印度公司经营亚欧贸易的情况来看，主要使用银币支付中国商品的货款，既有当时通用的西班牙银币，也使用过荷兰本国的铸币。④ 荷兰的马剑银币等即以这种方式输入厦门，闽南一带发现较多，此类银币还曾于道光年

---

① 卢泰康：《从台湾与海外出土的贸易瓷看明末清初中国陶瓷的外销》，载郑培凯主编：《逐波泛海——十六至十七世纪中国陶瓷外销与物质文明扩散国际学术研讨会论文集》，香港城市大学中国文化中心2012年版，第243页。
② 台湾省文献委员会编印：《巴达维亚城日记（第三册）》，台湾省文献委员会1970年版，第120、159页。
③ （明）张燮著，谢方点校：《东西洋考》，中华书局1981年版，第129—130页。
④ （荷）伽士特拉著，倪文君译：《荷兰东印度公司》，东方出版中心2011年版，第163—164页。

间（1821—1850)在厦门市面上流通。①

清廷解除海禁后，荷兰获得直接对华贸易的权利。荷兰人的贸易航线因此发生了一些变化，转变为厦门、广州经巴达维亚到荷兰阿姆斯特丹的中荷直接和间接贸易航路共存。② 1729年起，由于茶叶贸易方面的竞争压力，荷兰东印度公司展开对华直航贸易，不再经巴达维亚中转，以便获得更为新鲜、质量更好的茶叶。③ 广州对荷兰东印度公司的吸引力大大增强，荷兰于1729年在广州设立商馆，厦门与荷兰的贸易联系则相对减弱。就对华贸易和亚欧贸易的总体情形而言，荷兰在18世纪被英国赶超。

四、厦门与英国的贸易

英国人与厦门的贸易接触始自17世纪下半叶，并在厦门建立过商馆。据马士的《东印度公司对华贸易编年史》记载，万丹总办事处于1676年派船一艘到厦门，建立了一间商馆，令英国东印度公司在中国有了立足点；1678年又命令将厦门作为在中国的总商馆，台湾商馆也隶属于它，该年在厦门购买12000匹丝织品运回英国。但好景不长，郑氏与清军在厦门沿海的战局极大地影响了贸易活动的开展。1681年，英国关闭了在厦门的商馆，原本由英国派往厦门从事1682年度贸易的四艘船转而派往其他港口。④

---

① 林南中：《漳州外来货币概述》，福建人民出版社2014年版，第21—23页。
② 吴春明：《涨海行舟：海洋遗产的考古与历史探究》，海洋出版社2016年版，第161—162页。
③ 刘勇：《荷兰东印度公司中国委员会与中荷茶叶贸易》，《厦门大学学报（哲学社会科学版）》2013年第4期，第140—141页。
④ （美）马士著，区宗华译：《东印度公司对华贸易编年史（1635～1834年）第一、二卷》，中山大学出版社1991年版，第45—48页。

英国商船再次抵达厦门是 1684 年 5 月 26 日，这艘名为"快乐号"（Delight）的商船是于 1682 年 12 月从伦敦出发的，原本要与另一艘商船会合或在澳门贸易。在厦门停留 5 个月后，"快乐号"终于获得与中国商人贸易的机会，负责此次交易的中国商人是李美亚（Limia）。"快乐号"在这次交易中卖出胡椒并购入生丝，原本打算用于贸易的军火被要求部分送缴，福州将军还以贱价购买了绒布。12 月 19 日，"快乐号"离开厦门，驶往苏拉特而不是伦敦，因为"他们被迫将欧洲货运返，而中国货又不适合于欧洲"。① 可见，英商来厦贸易之初，双方互供的商品并不能满足彼此的需求。值得注意的是，下一艘英国商船"中国商人号"抵达厦门前，英国原商馆的旧址已改为海关，海关建立之后抵达的商船要以固定的税率为贸易商品付税，此外还有称量附加和规费。

　　1685 年，"中国商人号"和"忠诚冒险号"陆续驶抵厦门，船上所载的货物分别有宽幅绒、布匹和烧酒。但两艘船的贸易量都很有限。1687 年 9 月，英国东印度公司董事部宣布，"准备由英伦直接和中国及东京贸易，并由他们自己管理"。由此，英国与厦门的贸易情况开始有了一些变化，英国人有针对性地载运货物来厦贸易，并有计划、有选择地采购中国商品。比如 1687 年来厦门贸易的"伦敦号""武斯特号"，这两艘商船分别携带了 10000 镑和 4000～5000 镑的资金，大部分都是银元，回航时严格按照命令购买商品，包括：150 担特选茶叶（一半罐装、一半壶装后全部装箱，每壶盛茶叶 1～4 斤，运回英伦）、300 桶樟脑、3000 磅重的良姜、1000 匹胶绸（丝织品），其他货品由大班选择，但粗

---

① （美）马士著，区宗华译：《东印度公司对华贸易编年史（1635～1834 年）第一、二卷》，中山大学出版社 1991 年版，第 52—56 页。

重货物以不超过适合压舱的用量为限。① 可以看到，英国人运载更多的银币来厦门贸易，比起不怎么受欢迎的欧洲货，这是中国人更乐于接受的交易方式。从英国商船采购的商品分析，公司指定采购的主要是高价值的商品和在厦门集散的土产，尤其是茶叶——"特选"表明其高品质，还采用了"罐装""壶装"后再装箱的较为精细的包装方式，"运回英伦"则说明这批茶叶直接针对欧洲市场，甚至有可能是在英国国内销售。厦门之所以能为英国商船提供这些商品，是因为厦门作为重要的集散港并设有海关，集中着东南经济腹地的优质商品和本省及台湾的丰富土产。

  1687年之后的一些年份，也陆续有英国商船直接到厦门贸易。松浦章对《华夷变态》中进入长崎港的厦门船报告的英船抵厦信息进行了整理分析，1705年之前的绝大多数年份都有英国商船到厦门贸易，但不少时候厦门的高价贸易品，如丝织品、生丝之类的供货情况还是不能令英国人满意，再加上荷兰人也在厦门贸易，且收购同类货物，双方存在竞争，英国商船在厦门贸易后往往还要再去福州购买生丝、绸缎之类，有时则在厦门及周边大量收购砂糖、土茯苓等价值不高的货品。② 英国人倾向于购买高价值的商品是可以理解的，因为他们所经营的远程亚欧贸易是一项高成本、高风险的投资，必须有足够高的利润作为支撑。另一方面，厦门贸易环境的恶化也令英商失望，他们转往广州寻求商机，认为这比"厦门好得多，这个口岸的待遇较好，办事较快和价格最便宜"。1715年的"安妮号"厦门事件加深了英商对厦门

---

① （美）马士著，区宗华译：《东印度公司对华贸易编年史（1635～1834年）第一、二卷》，中山大学出版社1991年版，第57—62页。

② （日）松浦章著，李小林译：《清代海外贸易史研究》下册，天津人民出版社2016年版，第506—509页。

的不佳印象，加之此前常负责与英商交易的安官（Anqua）已从厦门搬到了广州，种种原因都促使英国人更多地选择去广州贸易而不再是厦门。尽管如此，由于贸易环境的变化，在雍正年间，英国商船还是偶有来航厦门的记录。如雍正十二年（1734年）和雍正十三年，各有一艘英国商船被派往厦门，分别是"格拉夫顿号"和"霍顿号"，虽然两艘船都未在厦门购货，但记录下了一份1735年的厦门关税税则，里面所列的征税商品包括"宽幅绒、长毛绒、羽纱、花缎和光缎、高哥纶和绸缎、丝帕、披肩丝、生丝、水银、瓷器、茶叶（一级、二级、三级）、白铜和铅、西米、南京布"，为我们展现了当时厦门贸易涉及商品的大致图景。①

传统帆船贸易时期，英国与厦门之间的贸易航线囊括于英国东印度公司商船的亚欧航路之中。英国东印度公司商船采用的航路有新、旧两条。新航路是17世纪时由荷兰人开辟的，英国商船有时也会采用，商船在绕过好望角后向南航行至南印度洋海面，然后向东，最后再沿澳洲西海岸北上直达巴达维亚；旧航路即绕过好望角后横跨北印度洋，该航路连接了英国在远东的各处商馆，从平户到厦门、广州、澳门等地，中途主要停靠苏门答腊、爪哇、印度，最后回到朴次茅斯和伦敦。② 英国商船往返厦门主要采用旧航线，沿途可停靠各处商馆，完成更多货品的交易。

---

① （美）马士著，区宗华译：《东印度公司对华贸易编年史（1635～1834年）第一、二卷》，中山大学出版社1991年版，第129—238页。

② 吴春明：《涨海行舟：海洋遗产的考古与历史探究》，海洋出版社2016年版，第162页。

五、厦门与美国的贸易

1784年"中国皇后号"来华标志着中美直航贸易的开端,因"一口通商"的政策限制,美国商船只能在广州贸易。虽然这一时期,美国商人尚未到厦门贸易,但他们在广州购买的茶叶部分产自福建,美国人对福建商品势必会有了解,并已养成一定的消费习惯,而厦门正是茶叶等福建土产的重要集散地,这为之后厦门与美国的贸易奠定了基础。

厦门既是洋货的集散港,也是福建土产的汇集地,进口而来的洋货除了一部分用于本地销售外,大多转运周边地区,各处运抵的土货则通过厦门港源源不断地向外输出。开埠之后,厦门的进出口贸易主要由各国洋行控制。1850年后,美国在厦门开设有旗昌、美时两家洋行,1904年又增设惠华洋行和美孚、德士古两家石油公司。其中,旗昌洋行曾经营厦门的茶叶出口,还将台湾茶叶运厦转输欧美。英国洋行也曾涉足厦门与美国之间的贸易,如德记洋行包销的漳州特产水仙花,1908年有200多万颗经厦门直接运往美国。而厦门从美国进口的贸易商品主要是面粉、石油、药品等。[①]

总体而言,厦门与美国的贸易商品中,茶叶的地位最为突出。1866年的厦门海关年度贸易报告中写道:"和往年不同,1866年的茶叶大多出口到美国和马六甲海峡。出口到纽约的茶叶达600万磅。没有茶叶直接运往英国。看来,乌龙茶在美国比厦门工夫

[①] 中国人民政治协商会议福建省委员会文史资料编辑室编:《福建文史资料》第五辑,福建人民出版社1981年版,第145—146、150—152页。

茶在英国更受欢迎。"1863—1866年间，厦门运往美国的茶叶数量比运往英国的多5倍。1867年的报告也称："目前茶的贸易比以前任何时期都大，比1866—1867年的出口额增加了将近100万磅。茶叶主要运往美国。"报告中的表格进一步显示，直接运往美国的茶叶中，工夫茶和小种茶的数量其实比上一年度减少了115470担，但乌龙茶增加了786121担。当年仅有一船运载茶叶到英国。不难看出，美国在19世纪60年代已成为厦门最重要的茶叶出口对象国，几种茶叶中，乌龙茶最受美国人青睐。1870年，台湾乌龙茶开始经厦门复出口至美国，起初数量并不大，仅为2839.13担，由厦门直接出口到美国的乌龙茶数量是它的十多倍，为34988.43担，当年厦门向美国出口茶叶的总量也进一步增加。① 19世纪70年代起，乌龙茶的掺假现象越来越严重，台湾乌龙茶逐渐取代厦门乌龙茶的地位，但仍经厦门转运出口。同时，由于美国市场茶叶价格低廉，更多的茶叶被用来制作工夫茶，运往英国市场。② 然而，19世纪70年代末以后，日本茶叶开始大量输往美国，并不断进行改良以迎合美国市场。③ 在日本茶叶的强势竞争下，厦门对美国的茶叶出口开始下降。另一方面，茶税和厘金的剥盘也加重了厦门茶叶的销售成本，使得厦门的对美茶叶贸易逐渐丧失了竞争力。

厦门从美国进口的贸易商品主要是面粉和煤油。面粉的年进口量在19世纪80年代初期以前一般为几千担，19世纪80年代中

---

① 厦门市志编纂委员会、《厦门海关志》编委会编：《近代厦门社会经济概况》，鹭江出版社1990年版，第10、19—20、59页。
② 厦门市志编纂委员会、《厦门海关志》编委会编：《近代厦门社会经济概况》，鹭江出版社1990年版，第160页。
③ 刘良山：《近代厦门对外贸易发展研究（1862—1911年）——以历年厦门海关贸易统计报告为中心》，厦门大学2008年硕士学位论文，第59页。

期之后开始增加,每年的进口量达到几万担,甲午战争后的年进口量更是增长到10万担以上。厦门进口的这些美国面粉主要用于本地和周边乡村的消费,"主要用它来制造面条……在质量上,加利福尼亚面粉胜过厦门面粉,并且便宜一些"。厦门进口煤油始于19世纪60年代,主要在厦门本岛销售,且数量有限,仅为几百至几千加仑。19世纪80年代以后,煤油的销路逐渐打开,进口量快速增长。1882年的进口量增加到21740加仑,1885年达125280加仑,1894年已猛增至3266140加仑。甲午战争前,厦门进口的主要是美国箱装煤油,1894年从美国进口金额达316737海关两,占进口煤油总值的70%。1900年以后,英国、荷兰已陆续在厦门设立油库,存放散装煤油以享受保税,厦门进口的散装煤油大增,美国箱装煤油的优势地位逐渐被取代,美国输入厦门的货值也开始下降。[①]

厦门与美国之间的贸易航线在开埠后才形成,根据美国传教士毕腓力(Philip Wilson Pitcher)"厦门港最兴盛时期,商船一次运出1000吨的茶叶到旧金山、温哥华或纽约,并非罕见"[②]的描述推断,当时美国商船往来厦门采用的,可能既有跨太平洋驶往美国西海岸的新航线,也有经大西洋连接美国东海岸的传统航线。随着轮船的普遍使用,航行受季节和季风的影响变小,美国采用跨太平洋新航线的次数应该更多。

---

① 刘良山:《近代厦门对外贸易发展研究(1862—1911年)——以历年厦门海关贸易统计报告为中心》,厦门大学2008年硕士学位论文,第53—71页。

② (美)毕腓力著,何丙仲译:《厦门纵横——一个中国首批开埠城市的史事》,厦门大学出版社2009年版,第139页。

第六章

厦门海丝商业文化的基本内涵

厦门海丝商业文化是在商业活动的巨大牵引力的带动下,不断发展壮大的。要拓展海外贸易的半径,海船制造业的兴盛是基础和前提。海洋类图书大量涌现,明初郑和下西洋时形成了若干部航海日记和航海图的著作,郑和下西洋之后,厦门沿海居民继续开拓,更有大量民间编撰的航海类著作。海上航行的人们既要把握若干的航海技术和经验,同时他们也把祖籍地的乡土神(妈祖)等带到船上,带到航行途经的地方,带到他们的侨居地,形成了丰富庞大的神灵体系。厦门海丝活动人群的来源和职业也是多元的,既有来自全国各地的不同阶层人士,又并不固着于某一职业,其间多有流动和变更,反映了海洋活动的起伏兴衰和变动不居。

第一节 厦门海船制造业的兴盛

厦门海船制造业首先兴起于清初沿海海洋贸易,兴盛于清雍正乾隆时期，道光以后开始衰落。

　　清代厦门的海船制造业主要集中在同安马巷和厦门的鼓浪屿。康熙二年（1663年），郑经在厦门大造战船，同时招募兵员，给予每人每月兵饷银五两①，力图与清王朝进行拼死对抗，厦门作为郑氏在大陆的最后基地，也成为郑氏别无他选的造船场所。此前，福建南部沿海航运业的中心是漳州月港，"闽人之下海也，其素所习闻也"②，说明福建沿海下海谋生已是他们生计谋求的一部分，但那时主要港口是月港，即"闽人通番，皆自漳州月港出洋"。与月港不相上下的则是晋江安海，但这时安海已被清军占领，且造船基地已被焚毁。所以郑成功父子只能以金厦作为自己的海上贸易中心，并就地再造海船。

　　由于同安本地并不出产木材，木材只能从闽北采购并经闽江到同安，进入马巷，另一部分则到达鼓浪屿。清王朝消灭郑氏割据政权后，同安马巷和鼓浪屿的造船业得以延续，成为海外贸易业的重要后备产业。

　　嘉庆十二年（1807年），同安县民申请在鼓浪屿造船，"具禀人澳小商船户为请给料照事"中说："缘住居海滨，行船为活。兹自备资本欲往厦门古浪屿置造小船一只，梁头一丈七尺八寸，往各港贸易。理合取具铺保、澳邻、船匠甘结，并开明应需料件。禀恳大老爷恩准，给发料照，俾得买料。兴造竣日，遵照新定章程，请烙给照贸易，供请沾恩。叩计开（此系新造船只，料件照后开数，若系旧船修葺，料物应当减半，必须吊查原照，呈验者量给料，修葺后不致驳诘）""杉一枝、中吉木十五枝、橹枋十五片、什木十三枝、樟枋十二片、樟板八付含檀一个、尾座一块、

---

①《康熙统一台湾档案史料选辑》，福建人民出版社1983年版，第4页。
②（明）王在晋：《越镌》卷二一《通番》。

下全一个、舵一门、另梁一个、鹿耳一付、铁钉二百斤、钢砂二百斤、桐油二百斤、黄麻一百斤、松木枋十片、粽丝一百二十斤",县府批准给料照。置造竣日,禀请验烙给照。详报。甘结二纸附。该禀文附有甘结如下:

> 具甘结人,船匠,今当大老爷台下,结得船户,置造小商船一只,梁头一丈七尺八寸,所开料件,俱系定需应用,并无浮冒,合具甘结是实(结内批附卷二字)

> 仝具甘结人,铺户,澳甲,邻右,今当大老爷台下,结得船户果系殷实良民,堪以置造小商船一只,梁头一丈七尺八寸,管驾贸易,不敢为非作歹。合具结是实(结内批附卷二字)

从这份禀文和相关文献,可以大体梳理出当时地方官府对鼓浪屿民间造船业的监管流程:当某个人或商铺想开工建造一艘商船,他(们)要先前往官府,递交一份造船申请书,申请书须填写申请人的籍贯、职业、造船理由、资金来源、保人、造船地点、船只规格、造船物料等,造船物料要具体到每一项及其数额。地方官府收到当地造船申请书后,须派属官前往实地进行考察核实。一是查询船户的基本情况,对澳甲、邻右及雇佣的船匠等进行走访;二是查询造船的地点,若是其他州县百姓在此地报造,要经过其他州县官员的文件批准,转发给该地衙门,然后该地衙门汇报给上级相关部门,并在厦门海关部门进行登记。获批后,该地方官府发给申请人一份"料照",内容包括对造船材料种类和数量的记录和审核。申请人按照"料照"的基本范围准备船料,开工造船,"料照"表的发放,须经过工部相关机构的审核,内容包括船体各部件的用木种类和数量及船舵、桅杆、篷、铁钉、油灰、黄麻等的规格与数量,船户依此到官方造船厂购买船材与船用设备。经过以上程序，船只造好后，则需要呈上"通报造竣"的禀文，禀文内容主要涵盖官府召集铺保、澳甲、邻右等如何检验船只的用料以及尺寸问题，验收完成后，才能申请船照和关牌。

清廷早已将商船梁头限制在一丈八尺以下，这样的船一般能配备水手80人，可搭乘100余人，梁头在一丈四五尺的船则配备60名水手，可搭乘60名左右的乘客。

事实上，商人在船厂定制船只，梁头超标是普遍现象，厦门鼓浪屿造船案件之中，出资造船的不是船户，而是厦门商行，有时是商行和乡人合资造船；船匠叶全不是本地人，是从外地雇佣而来，但他对清廷的制度规定是了解的；参与管理厦门造船事务的机构众多，包括同安县、厦防厅和原籍衙门，投资造船者往往须把这些衙门打点好，打点好了，量出的数字往往就不违制了，否则就可能是违制的。从民营造船厂看，往往更多地因应实际材料的大小，并不严格按照官方定制，材料大了，故意削小，往往是一种浪费，一般情况下是不会这样做的，地方官府在执行这一政策时，往往也多不会固守成规，嘉庆二十二年（1817年），朝廷也表达了"嗣后商民置造船只，梁头尺寸，照前听民自便，免立禁限。"

厦门航运发展进入快车道后，广南、台湾、南洋等地船材均汇集到这里，同时这里亦汇集了此前在泉州和漳州的诸多能工巧匠，从此，同安利用起福建沿海泉漳造船传统与技术力量，吸引两地的造船能手，"土、木、金、银、铜、铁诸工，率自外业，船工大盛，安业者多称居焉"[①]。

嘉庆末年至道光年间，厦门造船数量急剧减少，据陈希育

---

① （清）周凯等纂：《厦门志》卷五《船政略》。

《中国帆船与海外贸易》研究，康熙中期，一艘船的造价为七八千到一万两银子，可到嘉道年间却已涨到数万两。[①]

明清两代，官设船厂一般都设在木材产地附近，或有水路可以直达的地方。明清两代，官方对福建木材需求过多，先是郑和宝船的木材消耗，继而是抗倭需要的大量战船的修造，待到郑氏势力与官府对抗时，福建木材更是大量被砍伐，几有竭尽资源的态势。顺治十六年（1659年），清军"直抵悬山，既击退守口船，先焚搁浅船两只"，又"将新造大小船三只，并贮木料及山上房屋草丁焚毁"[②]。到清中叶，福建木材已趋于紧张，乾隆二十九年（1764年）始，福建木材已告急，据陈希育研究，同安（厦门）造船业"鉴于船材不足，以及由此引起的造船费用的高涨，势必导致厦门造船业的萧条"[③]。

应该承认，造船成本高涨与贸易利润提升之间还是存在一个对应关系的，得益于闽台间横洋贸易，仍有部分船只航行于台湾海峡两岸，他们可以经营台米贸易，接济泉厦等缺粮地区。康熙六十一年（1722年），闽粤地区粮食短缺而泰国米价相对低廉，清廷下令至泰国采买大米[④]，至乾隆时期，清廷对商民进口大米更加鼓励。乾隆元年（1736年），广东地方官员即下令"劝谕"商民多自外地采买大米。乾隆二年，清廷取消大米进口税。乾隆九年，福建龙溪商人林亨、谢冬发等人不断造船运米回厦门。地方官对此多加默许，此前官方曾规定"福建商船往番置造船只，应向厦门同知衙门给照前往夷邦置造"[⑤]，从此之后，陆续有在海

---

① 陈希育：《中国帆船与海外贸易》，厦门大学出版社1991年版，第106页。
② 《明清史料》第3编，第284页。
③ 陈希育：《中国帆船与海外贸易》，厦门大学出版社1991年版，第107页。
④ 《福建航运史》，第227页。
⑤ 嘉庆《福建沿海航务档案》，福建师范大学图书馆抄本。

外运米回厦的事例,如乾隆十年,阮多风、金万鉴、徐长发、金长丰等船;乾隆十一年,谢长源、徐芳什、陈绵发、金丰秦、万发春、魏隆院、王元贞、王丰祥、陈恒利、林发兴等船①。这些船只是允许商民造船令颁布前回厦的数量,由此可见,在清廷颁布造船令前自海外造船运米回厦的趋势已势不可当。乾隆十二年二月,福建巡抚陈大受上奏,自泰国运米回返者,可事先"请牌照"以便关津检查②。乾隆十六年,闽浙总督喀尔吉又奏请,对"运米三千石以上者,随时酌奖"并赏给低等职领带,于是厦门迎来造船运米的高潮。

海外造船运米回厦一定程度上弥补了厦门造船成本高、原材料紧缺的不足,同时也一定程度上支持着厦门造船业的持续发展,因为一些商人也往往将海外的木材运回厦门。

海外贸易推动着厦门造船的发展,嘉庆元年(1796年),厦门共有8家洋行、大小商行30余家,往来贸易的各类洋船、商船千余艘,其中很大一部分是厦门制造。如同安县就有注册在案的洋船5艘、大商船5艘,同安洋船户和振万则是颇负盛名的船商。

清代前中期,随着沿海贸易的不断发展和造船技术的不断提高,福建沿海各州县出现大量民营造船厂,至乾隆、嘉庆年间,甚至出现"大小船只殆难悉数,或自行驾驶贸易,或赁雇他人采捕"③的盛况。仅同安县一县,乾隆四十二年(1777年),有登记在册的大小船舶438艘,嘉庆二年(1797年)进一步增加到599艘。④

---

① 陈希育:《中国帆船与海外贸易》,厦门大学出版社1991年版,第107页。
② 《清高宗实录》卷275,第594页。
③ 《福建省例·船政例》。
④ 赵建群:《清代前中期福建造船业概述》,《中国社会经济史研究》1993年第4期。

厦门造船业所造船只种类繁多，有洋船、横洋船、贩漕船、艍船等。清代厦门造船的场所叫"寮"，即工棚或作坊，靠手工劳动来完成，造船场主要分布在沙坡尾、帆礁、东渡码头和土地公祖渡头（今古营路、开元路中段），其中沙坡尾兼有官船和民船制作，帆礁主要制造商船，东渡码头以建造民船为主。①

随着民营造船业日益兴盛，厦门逐渐成为福建造船中心之一。随着商贸的发展，厦门逐渐成为"大小帆船之集凑，远近贸易之都会""据十闽之要会，通九译之番邦"②，吸引了大批商民前来贸易，他们往往"就地购造大小商船"③，嘉庆年间，仅同安一县就有注册在案的大小商船298艘④。厦门民营造船业在雍正、乾隆、嘉庆三朝达到高潮，一直持续到道光年间，随着洋行的纷纷倒闭以及海外贸易的衰落，厦门的番船及洋船日趋减少，兴盛一时的民营造船业也岌岌可危。

第二节　厦门海洋文献的涌现

厦门人在进行经贸活动、渔业生产、海事斗争的过程中，产生了一批反映厦门海洋文化和海洋观念的文献著述。这些文献是厦门人与海洋博弈过程中留下的璀璨印记，是厦门海洋文化的重要载体，历经岁月长河的洗礼，经久不衰。明清时期，厦门文献

---

① 洪卜仁、周子峰主编：《闽商发展史厦门卷》，厦门大学出版社2016年版，第145页。
② 道光《厦门志》卷二《分域略·形势》。
③ 嘉庆《福建沿海航务档案》，福建师范大学图书馆抄本。
④ 赵建群：《清代前中期福建造船业概述》，《中国社会经济史研究》1993年第4期。

开始涌现，其中最具特色的即围绕海洋主题而书写的各种题材文献，如海防形势、海洋地理、航海技术、海上交通、海洋经济、海外见闻等。

郑成功占据厦门，抗清驱荷复台，称霸海上，因此演义出诸多记述郑氏事迹的文献，如江日昇的《台湾外记》、施琅的《靖海纪事》、郑亦邹的《郑成功传》、夏琳的《闽海纪要》和《海纪辑要》、黄宗羲的《赐姓始末》、吴英的《清威略将军吴英事略》等等。郑成功在厦门奋斗的历史可谓是厦门海洋史中的一个传奇。

《海上见闻录定本》是一部记述郑氏家族兴衰成败的珍贵文献。作者阮旻锡（1627—1705），字畴生，号鹭岛道人，同安县嘉禾里人。明朝灭亡之后，阮旻锡云游四方，后于顺治十二年（1655年）郑成功在思明州设六官时，入其幕僚，直至康熙二年（1663年）清兵入厦门，阮旻锡即"弃家行遁，奔走四方"，其间根据所见所闻，"曰见，则目所亲睹，曰闻，则就其人目所亲睹者而闻之"，草就《海上见闻录》。晚年回到厦门，根据先藩户官都事杨英所记《海上实录》二本和无名氏所著《海记》一本，相互校对，"合二编二重订之，名曰《海上闻见录定本》"[①]。阮旻锡除了《海上见闻录定本》外，还著有《击筑集》《夕阳寮诗稿》等。《海上见闻录定本》以时间为线索，以郑芝龙、郑成功、郑经、郑克塽祖孙四代为主线，记述了从崇祯十七年（1644年）福王朱由崧继位开始到康熙二十二年郑克塽降清郑氏家族的兴衰成败。书中多次提及郑氏与厦门的渊源，其中详细记述了郑成功智取厦门，并以厦门为基地与清廷展开激烈博弈，郑氏集团的商业贸易活动亦有所涉及。

---

① （清）阮旻锡著，厦门郑成功纪念馆校：《海上见闻录定本》序，福建人民出版社1982年版。

自厦门设立以来，以中左所著称，即是以军事职能为主，因此厦门与海防密不可分。在这座小岛上发生了诸多战斗，一大批熟悉海战、拥有丰富经验的水师将领将自己毕生的海上征战心得、海防策略、海战战术记录下来，凝结成一部部经典的海上军事专著。历经战火的洗礼和岁月的播迁，部分文献淹没于历史的尘埃之中。但一些著作历经劫难流传至今，如池显方的《晃岩集》、李廷钰的《海疆要略研究》和《靖海论》、李增阶的《外海纪要》、窦振彪的《厦门港纪事》、林君升的《舟师绳墨》等等。

池显方在其早期作品中关注到了明代后期东南沿海的海防形势。池显方，字直夫，号玉屏子，明福建同安县中左所（今厦门市思明区）人。天启年间（1621—1627），荷兰人骚扰福建，伙窜厦门，占据澎湖，火烧鼓浪屿，厦门海疆日警。面对日益紧张的海疆局势，世居厦门的池显方对海防建设颇为关注，并寄情于诗文。《送张将军再胜地澎湖仍往东番搜贼》鼓舞士气："君昔澎湖曾战敌，如射山稀芟野芥。"《傅望之澎湖获倭》赞叹将士所向披靡："闽户最险属澎湖，春秋两营递关锁。""吴越树勋转闽南，万里风烟谈笑扫。"《追荐征红夷阵亡军士疏》歌颂抗夷将士为国捐躯的壮举："兵者，不得已而用之，岂能长胜？死者，人之所时有也，唯此为荣。"其他如《同大将军谢简之守岁》《陪南思受、谢简之登鼓浪屿和韵》《赠大将军谢简之平红夷序》等诗文亦流露出对海防将士的赞颂之情。[①]

除了吟诗作赋、歌颂将士壮举外，池显方还献言献策提出诸多海防策略。《与阙褐公书》就同安的海防尤其是厦门的防御向南安县知县阙士琦提出四条建议：一移选锋营。同安背山面海，海

---

① （明）池显方撰，厦门市图书馆校注：《晃岩集》，厦门大学出版社2009年版，第72、73、372页。

达两洋,山通四县,因此良莠不齐,池显方建议设一关一旅,"窃惟同安最冲者中左所,次冲者石浔也",即厦门岛与石浔两处。"中左隔海,距县七十里,既有浯铜、泉标二游以卫左右","选锋营陆兵三百名驻扎中左所内,今海波稍静,山寇可虞"。二议浯铜游。浯铜有二游,皆驻中左所,遇警难以周全,因此建议"游击驻中左,带泉标游一枝稽察两路,庶外洋之声息易通,内地之藩篱亦固矣"。三练乡兵。"乡兵多临时召集……以助御敌"。四实仓廪。就目前同安县粮仓状况"县仓有谷而未盈,高浦、金门二所有仓而无谷,中左所无谷并无仓",池显方建议"谷艘常通,长纳如坻之粟,丰年必积,永存不涸之仓"。《与徐总戎书》建议民众与官兵同心戮力,毁家纾难,共同抗击夷敌:"殷实者一户日供五人之食,不出食者出五人之价,仍令兵军同力帮之。"面对红夷的高舰巨炮,池显方建议:"用快艇数十乘夜火之,突其不意,彼炮宜高不能下,彼舰多油尤易火,可擒也。"其与熊中丞、蔡敬夫、陈游戎、何二守、谢简之、陈子潜等的书信中亦提出了诸多防夷、抗夷的建设性意见,虽然零散,但表现出他对海疆形势的持续关注。[①]

除了对海防的关注之外,池显方对海洋贸易、渔业资源、海神信仰诸多方面亦有涉及。在与福建巡抚张载宁的书信中云:"海滨人散处而家于舟,贩台湾者以为渔于海也","今台湾之舟往来如织,两洋之舟出入如风,既不能禁,不如开之。"可见池显方对于海洋贸易是鼓励与支持的。《观打渔歌》中"海人捕鱼太苛密,设法浅深恣罗织",渔人竭泽而渔,以致"物精既竭水族怒,时变风雷击远渡",他建议"不贪芳饵与肥流,宁徒洪渊饮清素""我

---

① (明)池显方撰,厦门市图书馆校注:《晃岩集》,厦门大学出版社2009年版,第419、454、455页。

劝渔人收钓网，全却生成天所喜"，讲求渔业资源的可持续发展。①

《海疆要略研究》是一部航海学文献。作者李廷钰，字润堂，号鹤樵，清同安翔凤人②。他是闽浙水师提督李长庚的养子，从小跟随李长庚学习海洋经略，"予少失学，知识浅陋，时值海洋多事，小丑跳梁，自少时及壮，皆得奉侍先忠毅公之侧，躬历四省，破浪冲风。窃幸指示方略一二，借有率循以至今日"。《海疆要略研究》是一本经世致用之书，以实用为写作宗旨。文中序言即云："从来筹海之书多矣，类皆文人之敷衍，笔墨虽工，然无裨于实用。"此书虽非亲历，亦非道听途说，而是出于"老于操舟者，身历其处，辄笔于册"。由此可见，这本书是作者亲自访问富有经验的航海家或水师将领而获得的第一手资料。李廷钰之孙李维实亦云："皆诸将校所述，据实直书，不敢润色"，"而所载沿海岛屿港澳、沙汕礁石，皆诸公亲自历其境，知之甚详，非耳闻者可同日而语也。"作者希望航海者以此书为准绳，"同心戮力，扫荡氛围，以冀负我国家设立水师至意"。全书分为三部分，第一部分抛船行船各垵礁辨水辨，自南向北依次记录自琼州海口直至浙江尽山160多个沿途可供抛船寄碇的港澳，包括岛澳的位置、寄碇的水深及进出港的路线等等。其中亦有关于厦门港的描述："港内（打）水四、五托，是沙泥地。户部前有雷。"第二部分各垵礁辨，记述自澳头至连招洋沿途各垵礁的港湾形势。关于厦门澳头的描

---

① （明）池显方撰，厦门市图书馆校注：《晃岩集》，厦门大学出版社2009年版，第78、456页。

② 《同安县志》卷三十《武功》、《福建通志》卷三四《列传》、《清史稿》卷三五本传。黄鸣奋、李菁编撰：《厦门人物（历史篇）》，鹭江出版社1996年版，第173—174页。

述甚为详细:"要南线头可看西山,不可贪入刘五店……出楼山北势,如做雾,可看金门……"第三部分针路,记述了中国沿海几条重要的航线针路,其中涉及厦门的有"吴淞回厦针路""厦门往盖州针路""盖州回厦门针路""金门料罗南风往上海""方南风洋国厦门"等,详细记录了航向、航程、水深等信息,使"航海者有所准绳"。这些针路亦是李廷钰与同僚反复实践校订而得出的结论,无怪乎"庶几履险如夷,共跻安善",屡试不爽。①

《靖海论》是李廷钰另一部海战用兵之道的著述。论述了海战的五大要素:"一曰得人,二曰兵用命,三曰船坚实,四曰军食足,五曰器械备。"并分五部分分别进行阐述:第一,战胜之术,贵能知己知彼。"若夫水师之备,则又有加焉。远则施威远、劈山以击其船,近则用喷筒、火箭以烧其篷,又近则掷火斗、火罐以燃其贼,盖船无篷则伎尽,人触火则心慌,水师之备无以过此。"第二,如何让战士不惧生死,勇于杀敌,即"术之如何得人心而已矣"。第三,水战之最重要者,莫若船。"船也者,军命之所寄也"。而李廷钰认为最好的船莫过于"同安梭"。同安梭,为李长庚所创,选材讲究,制作精巧,驾之"可以破浪乘风,搜巢捣穴,俾我将士无胶舟之虑,得以一心勷力王事,扫净幺氛"。第四,军粮器械齐备。"兵之所借,食最为急。若无积蓄,是弃封疆"。而陆战和水战最大的区别在于,陆军可以"因粮于敌",而兵械充足,"物为贼有,及乎挫于王师,则为军有,取之无禁,用之不竭",而水战则不然,海寇"飘于商舟,接于口岸。口岸奸民贪其利普,而源源济之。……偶遇官兵,且拒且走。及不得免,则纵火而自焚,或引水而自没"。因此,官兵可能一无所获,一粥一饭

---

① 陈峰辑注,厦门市图书馆编:《厦门海疆文献辑注》,厦门大学出版社2013年版。

皆仰仗于官府。第五，李廷钰还提出水战兵器"图敌之具，则莫若善于大炮"，"泊乎船近而将并，则火器为宜"。水战如谨记以上五条，"诚如是，又何患海疆之不靖乎？"①

《外海纪要》是一部具备航海学知识的海疆文献。作者李增阶，自小跟随叔父李长庚宦游海上，"余束发从叔父忠毅公，涉历四省，亲蒙指授，剿灭洋匪无算。迄今三十余年，所历略得一二，亦可以备采择焉"。吉安府知府蔡勋赞其"三十余年拔队歼渠，立功报国"，身经百战，熟谙海事。李增阶留心经世，随时记载于册，"愚阅历闽、浙、粤三省，就其所身亲阅历者，附记于后，俾人讲求而知所趋避，未必不为指迷之一助云尔"，"凡目所未睹，又参访员弁，以求其确"。可见这部巨著是其驰骋海疆三十年的心血结晶。②

全书内容咸详得当，条分缕析，"大略专注水战，而言及四省洋面，以至外洋自某处起至某处止，分析标题，程途远近，尤能综览大要"。先论述了水师须谙水务明战六法："一兵船之宜坚固也""一舵工之宜选择也""一器械之宜具足也""一遇敌之宜所用也""一火攻之宜讲究也""一风云沙礁之宜详慎也"。其后记录了广东外海洋面水程记（海口往崖州水程、白龙尾落安南水程、安南江平往东上广东水程）、福建厦门开往浙江江南上海天津各处洋面逐流寄泊澳屿开列、福建厦门行舟外海番国顺风更期水程、广州琼州海口行舟外海番国顺风水程日期等，附带载录了风云天气、沙线礁石、时辰流水、蒸海水法等海洋知识。书中论述了厦门港

---

① 陈峰辑注，厦门市图书馆编：《厦门海疆文献辑注》，厦门大学出版社2013年版，第226、229—231页。

② 陈峰辑注，厦门市图书馆编：《厦门海疆文献辑注》，厦门大学出版社2013年版，第194、198—200、208—209、221页。

繁荣的海上贸易情况。厦门港前往东北亚海域进行交易,"往日本国,或往山东、往锦州、盖州、天津在尽山放洋"。厦门港与东南亚的贸易亦十分频仍,书中记录了厦门至鲁万、安南、柔佛、暹罗、槟榔屿等29个国家和地区的航程里数,"至望竭仔,过西北,所出洋布、铁器及乌烟等货"等等。书中亦谈到利用造酒法进行海水淡化的技术,"可汲海水置锅内,上架酒甑,如造酒法,炽火煮之,则水气升腾,甑内侧孔流出,即成淡水,可食矣"。[1] 可谓在海洋科技领域独领风骚。

《厦门港纪事》是一部综合性航海学文献。作者窦振彪(1785—1850),字升堂,广东高州吴川人。该书第一部分记录厦门港内的情形,包括"厦门往周边水路""厦门潮汐时刻"等。第二部分记录沿海几处针路,其中涉及厦门航线的有"番仔澳往厦门""厦门往北埃边""厦门澳头往上海""厦门往锦州及山东辽岛并天津针路""厦门往三沙""厦门往北山屿对坐针路"等。第三部分记录海口至南澳岛、上海、澎湖等处的港澳深浅。书中对海神信仰亦有所涉及,如诸神风暴日期及敬神情况等的记述。时任闽浙总督兼福州将军的怡良赴台办理台湾镇总兵达洪阿和台湾兵备道姚莹抗击英军案,水师军门窦振彪赠所书《厦门港纪事》,怡良赞其"沿山海诸山之状及沙汕、风暴,南起琼州,北尽金州,无不备载"。清朝藏书家姚衡即请人照录,"为识其后"[2],可见此书所记针路、潮信、岛澳等形势对航海意义之大。

《舟师绳墨》是一部水军教科书。作者林君升,字圣跻,号敬

---

[1] 陈峰辑注,厦门市图书馆编:《厦门海疆文献辑注》,厦门大学出版社2013年版。

[2] 陈峰辑注,厦门市图书馆编:《厦门海疆文献辑注》,厦门大学出版社2013年版,第193页。

亭，同安县人。林君升自小生活在海滨，"自从戎以及筮仕，数十年虚心问察，字字身试力行"，及长，任定海总兵、台湾总兵、广东提督、福建水师提督、江南提督等职，"浮家泛宅，弱冠之年，即扬历洪波巨浸中"，驰骋海疆，宦游海上，精研海务，"凡所谓仰观俯察之道，时时地地，研究不遗余力"。鉴于"历来商渔之徒，颇有精通水务，又苦词不达意，亘无抉示纤微"的现状，林君升将自己数十年之心血凝结成《舟师绳墨》一书。书成之后，"编次脱稿，进呈宪皇帝睿鉴"，皇上阅之，大悦，"即诏海疆营分，一体遵行"。不仅士兵海军视为圭臬，即使渔民商船亦当作指南，"当日者，非特铁衣之列，手执一编，目睹口授。即商艘渔艇间，无不奉为利涉指南矣"。①

全书分为教习弁言、盗捕事宜、舵工事宜、撩手事宜、斗手事宜、碇手事宜、众兵事宜七部分。弁言云，"《绳墨》不可不知，是在为之将领者，所当身先士卒"，意即此书不仅为兵丁之日常教科书，而且营中千总、把总要身先士卒，勤于练习，只有如此，才能有备无患，"未雨绸缪者也"。之后论述捕盗、舵工、撩手、斗手、碇手、众兵应各司其职，各尽其责，"共为一耳、共为一目、共为一心、共为一力"。首先，捕盗为舟师之首，"古者舟师之制，首捕盗，次舵工"，捕盗的职责是"一曰公，一曰明，一曰勤"，"公则无所徇庇，自然能明；明则洞悉利害，自然能勤"。其次，舵工，如人之机杼，"舵者，犹人之心也；撩、斗、碇，犹人之四肢也"。第三，撩手为"声应气求"之事务，须同心协力。第四，斗手需手足伶俐、精力强壮、胆识过人者，"方胜斗手之任"。

---

① 陈峰辑注，厦门市图书馆编：《厦门海疆文献辑注》，厦门大学出版社2013年版，第239—249页。

第五，碇手讲求技艺。"波涛浩渺，望战舰如磐石，知碇之为功甚伟。故抛碇之法宜详"。最后，众兵为本。"众手好移山，此千古俗语，却是至理"。船上即使有再好的捕盗、再好的头目，但若离了众人，"他独自可行船么？"①

通观全书，语言通俗易懂，深入浅出。这也是林君升写作此书的目的之一，"欲使尔等简易遵循，故各条较约，宁言粗俗，而求实效，不敢粉饰而事虚文。各抄一本，识字者自读，不识字者听识字者解说诵读。到行船时，字字依着而行，便觉亲切有味"。②考虑到读者对象上至水师将领，下至渔民商贩，文化程度参差不齐，因此语言尽量言简意赅，简单易懂，被誉为"我国古代第一部刊印传世的水军教科书"。

《闽海握要图说》是一部综合性海洋军事文献。作者林树梅，字实夫，号瘦云，马巷厅后浦人（有的说是同安县翔凤里人）。父亲为金门把总陈春畾，后被金门千总林廷福收养，改姓林。养父林廷福出身行伍，历经金门左营守备、台湾水师副兵军官、澎湖右营游击、闽安镇副将等要职，战功卓著，擢升为金门千总。因此林树梅从小跟随养父游历四方，"每从廷福巡洋，所至港汊夷险，辄随笔记录"，为其以后海防思想的形成奠定了基础。道光年间（1821—1850），海氛日警，闽省官员慕树梅之望，争相以礼相聘。闽浙总督颜伯焘视察厦门，"以币聘之"，于是树梅"上战守诸策"，陈谋韬略。道光二十九年，林则徐准备回闽筹划防海之务，

---

① 陈峰辑注，厦门市图书馆编：《厦门海疆文献辑注》，厦门大学出版社 2013 年版，第 244、245 页。

② 陈峰辑注，厦门市图书馆编：《厦门海疆文献辑注》，厦门大学出版社 2013 年版，第 235 页。

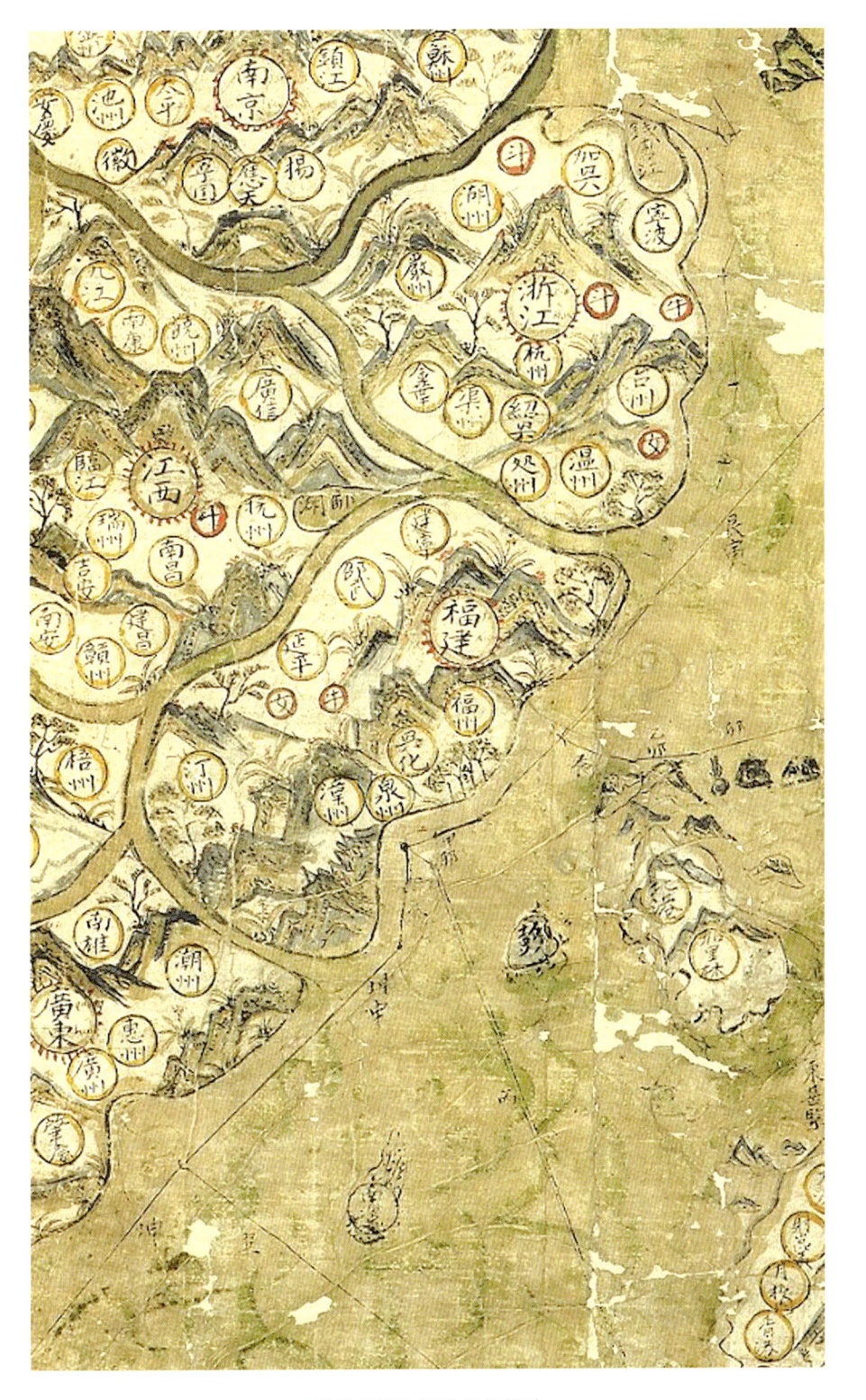

第六章　厦门海丝商业文化的基本内涵

明代厦门地区出航的针路

福建海上丝绸之路

厦门卷

明代自厦门航行往东西洋的针路

召林树梅"密参帷幄",但林则徐赴粤途中病卒,"树梅感其知爱"①,悲痛不已,积郁成疾,忧忧以殁,终年不及五十。林树梅所处的时代,正是中国所面临的千百年未有之大变局,面对世界变化的大势,他以毕生韬略经世致用,积极辅佐闽台官员,筹划海防,但腐朽不堪的清王朝已经病入膏肓,他的海防策略只能"隔靴搔痒",最终无法挽回败局。因此当林则徐病殁之时,他的报国怀乡之情也随之泯灭,壮志未酬,郁郁寡欢,含恨而终。

除此之后,明清厦门海防图书不断涌现。明曹履泰著《靖海纪略》,记载征剿海上武装集团的史料。还有吴必达的《水师要略》、徐芬的《同安濬溪论》、庄光前的《同安海防论》、蔡勋的《李谦堂军门外海水程战法纪要序》等等。

近代以来,厦门海洋权益遭受挫折,出现一批反思性著作。作为第一批开放的通商口岸,厦门处于与世界连通的关键节点,涌现出众多具有远见卓识的先驱"开眼看世界",甚至走出国门,远渡重洋,留下了大量反映厦门人海洋观念和海洋活动的著述,印证着厦门港不断崛起的事实。

《海国闻见录》是清代第一部综合性海洋地理名著。作者陈伦炯的父亲陈昂,字英士,福建同安县安仁里高浦(今厦门集美区)人。陈昂的父亲早逝,为了照顾母亲,陈昂废学从商,经常往来外洋从事海上贸易,所到之处"必察其面势、辨其风潮",记录在案。康熙二十一年(1682年),施琅东征台湾,旁求熟悉海道者,"先公进见,聚米为山,指画形势",献计勘定台湾。又奉命找寻郑氏后人,后升碣石总兵、广东副都统,"皆滨海地也"。康熙对陈伦炯厚爱有加,诏为侍卫,"亲加教育"。陈昂对陈伦炯也是

---

① 林昆煌:《金门志(全)》,大通书局1984年版,第234页。

"谆谆然告之",因此陈伦炯自小对海外世界充满好奇。及长,游历各国,"询其国俗、考其图籍",然后按照中国沿海形势"外洋诸国疆域相错,人风物产、商贾贸迁之所",画图备志,以达到"使任海疆者知防御搜捕之扼塞,经商者知备风潮、警寇略""保民恤商之德意也"①。

《海国闻见录》分上下卷,上卷包括天下沿海形势录、东洋记、东南洋记、南洋记、小西洋记、大西洋记、昆仑、南澳气。下卷主要是海图,包括四海总图、沿海全图、台湾图、台湾后山图、澎湖图、琼州图。"天下沿海形势录"自北向南记录了中国沿海岛礁及海域形势,对考察中国东北、东南沿海的海洋地貌具有重要的参考价值。"东洋记"记载中国船只往朝鲜、日本、琉球贸易情形。其中记述由厦门港前往长崎贸易的航程、航向颇为详细。"东南洋记"记载与台湾以南诸国的贸易情况,"凤山沙马崎之东南有吕宋,居巽方,厦门水程七十二更"。"南洋记"记载与南洋诸国的贸易盛况,厦门与其中的广南、交趾、占城、暹罗等国商贸往来频仍,互通有无。最后还专辟了大、小西洋两记,介绍英国、荷兰等国家的情形,虽然篇幅有限,但亦是了解西方、睁眼看世界的一种勇敢尝试。② 尤其值得注意的是,陈伦炯在记述航海里程的时候,皆是以厦门港为起始进行测量,由此可见当时厦门港在中外交通史的重要地位。至于下卷的六幅海图意义更为重大,皆是陈伦炯亲手绘制而成,台湾、澎湖、琼州的地理形势一览无余,图文并茂,精确详备程度堪称细致入微。《海国闻见录》

---

① (清)陈伦炯:《海国闻见录》,载陈峰辑注,厦门市图书馆编:《厦门海疆文献辑注》,厦门大学出版社2013年版,第1、2页。

② 陈峰辑注,厦门图书馆编:《厦门海疆文献辑注》,厦门大学出版社2013年版,第9、11页。

对中国沿海形势、海洋地理、海洋民俗等参稽考证，记述翔实，尤其是萌生出的了解世界、走向世界的近代海洋意识，可谓是厦门海洋文献中最具影响力的一部巨著。

《瀛寰志略》是一部系统介绍世界形势的近代启蒙读物。作者徐继畬，字健男，号牧田、松龛，山西五台人。道光二十三年（1843年）任福建布政使，其间留心世界形势，"旁搜四裔，遍求众说"，并向传教士等西洋人士求访，"道光癸卯因公驻厦门，美利坚人雅裨理……询译之"，"得泰西人地图册子，每接晤英、美两国人，辄披图询译"，同时又考订古籍，博采众书，为写作《瀛寰志略》积累素材，次年初稿完成，但几易其稿，"自癸卯至今，五阅寒暑，公事之余，唯以此为消遣，未尝一日辍也"①，越五载，成《瀛寰志略》十卷，直至道光二十八年《瀛寰志略》在厦门刊行。《瀛寰志略》可谓徐继畬在厦门任官，访问西人，考察外国情形之后写下的世界地理总论。

全书共十卷，简单扼要介绍了世界各国的政治制度、经济物产、文化典籍、风俗状况等，共涉及四洲八十多个国家，地图四十四幅。卷一总述东西半球形势，后分述皇清一统舆地、亚细亚、东洋二国、南洋滨海各国；卷二论述南洋、东南洋、大洋海各岛情形；卷三描述印度及回部各国；卷四至卷七详述欧洲各国情形，如俄罗斯、奥地利、土耳其、佛朗西，地图描绘尤为详尽，甚至精确到省一级行政区划；卷八至卷十介绍非洲、美洲概况，其中美国内容尤为咸详。全书描写详略得当，夹叙夹议，世人赞曰："考核甚精，叙述亦简，洵称善本。"②

---

① （清）徐继畬：《瀛寰志略》，上海书店出版社2001年版，第1、2、6页。
② （清）徐继畬：《瀛寰志略》，上海书店出版社2001年版，第311页。

《西海纪游草》是最早的旅美游记。作者林针①，原籍闽县，后迁至厦门，"迨先伯父稍长，寄食厦门，遂侨寓焉"，随祖辈世居厦门。身处五口通商之一的厦门，林针凭借"能谙外国语言，素习通商事务"，而被委派为经理通商事务。1847年，林针受美商之邀，赴美讲习中文，二月份从广东起程，经过一百四十日，六月到达"花旗"美国，"予自二月由广东起程，至六月方达其国"，游历两年，"四旬航海，惊殊寒暑三更（仅得四十日之洋，而三迁寒暑）"，回厦门后将其对美国的第一印象——鳞次栉比的高楼大厦、川流不息的公共交通、先进快捷的电报通信等等"新鲜事物"记录于册，"景周勇于游，尝附贾舶远涉九万里，至北亚墨利加之花旗国。今春归来，出所著自序一篇，风土夷情，探访翻译，既详且确"。并且对美国的海洋进出口贸易亦有细致记述，"舻舳出洋入口，引水掀轮"，即货物出口无饷，而入税甚重。并记载了美国用于航海的浑天仪，"其人善测天地度数，虽航海周年，不睹山岚，亦无毫厘之差"②，叹其科技之发达。

《西海纪游草》创作于近代，全面系统地介绍了美国的风土人情、天时物产。全书由题记四则、序五首、西海纪游自序、西海纪游诗、救回被诱潮人记、先祖妣节孝事略、题诗二十首、跋五首等部分组成，各部分详略得当。

林针谈及此次美国之旅的感想："往日之观天坐井，语判齐东；年来只测海窥蠡，气吞泰岱。"③ 往日对于外国的传闻都是坐井观天，目睹之后，才知道自身之渺小，希望借此书"以蠡测

---

① 黄鸣奋、李菁编撰：《厦门人物（历史篇）》，鹭江出版社1996年版，第143—144页。
② （清）林针：《西海纪游草》，《走向世界丛书》，岳麓书社1985年版，第16—58页。
③ （清）林针：《西海纪游草》，《走向世界丛书》，岳麓书社1985年版，第39页。

海"，成为近代中国人测量大海的"第一块贝壳"。如果说徐继畬是"开眼看世界"，那么林针就是"亲身看世界"，因为徐继畬写《瀛寰志略》的时候仍是询问西人，查阅翻译过来的西方书籍，属于间接了解西方。而林针亲自游历美国两年之久，对西方有了直观的认识。因为与"海"有了直接接触，《西海纪游草》一出便对世人产生了巨大冲击，闽浙总督左宗棠、镇闽将军兼管闽海关英桂、福建巡抚徐继畬等名人雅士纷纷写序题跋。

明清以来，作为中国东南海洋贸易重镇和军事要地的厦门，海洋图书文献大量涌现，除了上述关于郑氏家族文献、海防著述、近代海洋反思文献类型之外，还有诸多海洋文化遗产。如黄梦琳的《两岛怡情集》（厦门岛、金门岛）、林希元（同安县翔风凤里山头村人）的《林次崖先生文集》、蔡献臣（同安县翔风里平林村人）的《清白堂稿》、周起元（海澄人）的《古今形胜之图》、洪受（明代同安凤山人）的《沧海纪遗》、黄伟（明代同安翔风里人）的《海眼存集》、沈有容（福建任官15年）辑《闽海赠言》、卢若腾（同安县翔风里人）著作《留庵诗文集》《方舆互考》《岛噫集》《岛居随录》《岛上闲偶居寄》等等。

第三节　厦门海洋神灵的纷杂

人类对神秘的大海一直充满了好奇与渴望，但在海洋科技不发达的古代，面对变化莫测的海洋气象，民众束手无策、无从解释，便对大海产生了敬畏与恐惧。就在这种"爱恨交织"中，海洋信仰应运而生。

厦门海洋神灵的主角是天后妈祖,从《历代宝案》中可以窥见一斑。《历代宝案》中记载了我国从事海上贸易的海商,在贸易途中遭遇暴风漂流至琉球的船难事件,其中有不少同安籍商民。如嘉庆六年(1801年)十二月初五,琉球国辖属八重山岛地方官报称,有中国 32 人漂来本岛海边,询问乃知系福建省泉州府同安县徐三贯等人。徐三贯称其于嘉庆六年四月初四率领舵工水手二十三名从同安起航,前往广东购买双桅乌船、赤白糖等前往天津贩卖,并顺便搭载八名货客,于六月初十开船,八月二十日抵达天津发卖糖货,又复买收红枣、乌枣、核桃、梨子等物,十月十六日回航,却不料十一月十一日在山东遭遇飓风,随波逐流,财货俱失,"唯剩所奉圣母神像全座,并小铁锚一门"。十二月初五漂至琉球得救。琉球国加以抚恤安顿,"将难人徐三贯等解到中山泊村地方,随发馆安顿给予廪食衣服等项抚恤养赡外,其余所奉圣母神像金座并铁箍、铁钉交与徐三贯等领收"①。

道光四年(1824年)又发生一起同安籍船只前往天津贸易,在山东海域不幸遭风漂至琉球的船难事故。同安县 32 名商民乘坐盛字三百三十八号商船于五月二十二日从同安县出发,先前往台湾装载大米,停留月余后,出发前往天津贸易,行船约两月,到达天津,在天津又停留一月多,待北风始,载乌枣出港,转山东收买豆饼后准备放洋回同安,但不幸的是十二日却遭风,船沉物毁,当即淹死 26 人。6 人生还,在海上漂流约两月,至琉球,其余 5 人不耐饥渴,毙命于途,仅剩吕正一人。

道光五年四月初九,据琉球国山南府地方官报称,有中华难人 38 漂流至此,据询系福建省泉州府同安县难人船户洪振利等人,所

---

① 《历代宝案》第二集卷一四〇第十册,台湾大学 1972 年版,第 4632—4633 页。

驾之船系本县洪得利拍照顺字九十六号，舵手艄公二十九名，搭客九名，共计三十八名。于道光四年四月十五日从同安县起航，五月初一到台湾府配载官谷，六月十七日从该地空船出口，奉命至天津府交纳粮米后，十月十六日转航盛京奉天府南金州置卖豆干，二十九日放洋准备回同安，不料十一月十二日陡遇大风，货物俱没，任风漂荡，船内米水俱尽，煮豆充饥，海上漂流半年之久，于道光五年四月"初九日遇着贵国小渔船六只护牵登岸，得活命"①。

由此可见，厦门海商出洋贸易"海道"之艰险，稍有不慎便命丧大海，因此在面对变幻莫测茫茫无际的大海时，唯一能求助的只有神灵。在历经九死一生的难民的口述中，都提到自己死里逃生是有赖神灵护佑，吕正云："牵赖神明护佑，十二月初六日漂至贵国，得保残喘。"广东省潮州府澄海县蔡高泰亦曰："幸赖天神护佑……漂至贵国。"②而此处所说的天神主要是妈祖。徐三贯遭遇风暴时，随身所带物品"所奉圣母神像全座、小铁锚一门、铁箍大小三十四个、铁钉一千一百六十三斤"。吕正所携仅"天上圣母神像全座"，洪振利"所奉天上圣母神像全座、竹手笼两个、衣包三十八个、橹二枝、小铁钉一包，以上共计六件"。在大难临头之际，放弃所有金钱粮食，首先留下妈祖神像，可见海神天后在海商心中的神圣地位。

厦门祭祀海神天后的习俗颇盛，从修筑的天后庙宇数量即可知。如乾隆三十一年（1766年）修纂的《鹭江志》中记载了七处天后宫：上宫，在西门外；福寿宫，在打铁路头左边；和凤宫，在凤凰山下；怀德宫，在石埕街；凤仪宫，在火烧街头；东澳妈

---

① 《历代宝案》第二集卷一四〇第十册，台湾大学1972年版，第5862—5863页。
② 《历代宝案》第二集卷一四〇第十册，台湾大学1972年版，第4634、5850、5851、5864页。

祖宫，在东澳社左；万寿宫，在后崎尾。林学增等修《福建省同安县志》有四处：天后庙，在墩仔头；鲤鱼石下浦宫，在刘五店；妈祖宫，在澳头海仔墘；天后宫，在县城朱紫门左。

东澳妈祖宫为厦门第一座天后庙。《鹭江志》载"东澳妈祖宫，在东澳社左。祀天后，为厦岛天后庙之先"。每年三月天后圣诞，厦门其他天后宫都要前来请香，"三月，乡人例庆天后诞。先数日，厦之诸庙必造其地，名曰请香"①，可见东澳妈祖为厦门天后宫之祖。

沙坡尾朝宗宫

除了海神天后信仰之外，厦门亦有其他海洋神灵崇拜。如请王爷、送王船仪式流传至今。《同安县志》载：

> 请王爷。请王莫稽所自，往往三五年举行，大书代天巡猎，先期盛设仪仗帐幕，近海者造龙船，名曰王船。樯桅篙橹俱备，旗帜悬挂如总督阅操，依筊定去期。行有日，居民以牲醴致祭，演剧并备器皿柴米各物满贮船中，届期将船挂帆乘风送出海洋，任渔船搬取。其船漂流到何乡，该乡则迎而祀之。筊择期仍送去，每一次费不下万金，亦陋俗之最可嗤也。②

---

① 薛起凤主纂：《鹭江志》，鹭江出版社1998年版，第33页。
② 林学增等修：《福建省同安县志》，成文出版社1967年版，第611页。

请王爷往往三五年举行一次，仪式隆重，海边民众造王船以"代天巡猎"，牲醴具备，装满船舱，然后挂帆出洋，任其漂流，每次耗费不下万金。可见厦门民众对王爷崇拜之极。

真武不仅能保驾护航，而且能保境安民、镇守海疆。明永乐户部郎中林挺倡建延福堂，位于距城南约七里的从顺里瑶江村，崇祀真武，时显灵异，庇护居民。相传海中舟楫颠危时，向北呼之，只见有光如炬，船借以安。之后，真武屡著灵异。据传，清顺治十三年（1656年），陈霸据丙洲，内地居民皆被掳掠。陈霸屡次想入村行劫，未及入境，只见旗帜招摇、人马奔腾。陈霸疑

送王船

有埋伏，望风而逃，乃知为神佑。相传，康熙初年，施琅出征台湾，宿于此庙，马秽弄脏庙宇。是夜，马足高悬，号鸣不止。施琅虔诚请罪，方宁。因次默祷若出师胜利，愿更新庙宇。后果凯旋，于是施琅捐俸增建大元殿，"崇祀北极真武帝，清靖海施琅屯兵海防于此，为开拓建筑"①。

苏碧云为厦门原生之海神。苏碧云，福建泉州府同安县人，生于明天启年间（1621—1627），"读书乐道，不求仕进。晚年移居海岛，洞悉海道情形，海船均蒙指引平安。殁后，于海面屡著灵异，兵商各船，均祀香火。每岁闽省巡洋，偶遇危险，一经呼祷，俱获安全。"② 因此，苏碧云成为厦门民众心中重要的海神之一。

另外一位厦门原生海神曰王义娘。义娘，中左所人，顺治初年（1644年），海寇郑锦骚扰厦门，义娘恐被其辱，凛然跃入井中，海寇"怒发矢，中其肩而去"③。旬日余，薛姓村民"向晓于烟雾中，见义娘诉状，遂求之井中，得尸，为拔箭，殡于井侧"，又过了月余，村民梦义娘乞香火于此，因义娘跃井处立庙，曰王义娘庙，自此之后厦门村民有祷辄应，乡人为其立像供奉之。

除此之后，厦门海商在出洋途中还祭拜或遥拜诸多海神。伦敦大英图书馆藏有一本《安船酌钱科》的科仪本抄件，据传为明清漳州龙海一道士所著，该书文末记载了自漳州海澄经厦门北上、南下、往东洋、往西洋四条航线中所经地点，诸多地名皆以神灵

---

① 林学增等修：《福建省同安县志》，成文出版社1967年版，第199页。
② （清）赵新：《续琉球国志略》卷二《灵异》，台湾文献丛刊第293种，1970年。
③ 上海书店出版社编：《中国地方志集成·福建省县志辑22》，《乾隆泉州府志（一）》，上海书店出版社2000年版，第414页。

命名，如妈祖、关帝、天妃、龙王爷、阮夫人、海神爷、水仙王等等。由此可见，厦门海商出海不仅在起止港口祭祀海神，在航行途中亦会祭拜或者遥拜海神。

沙坡尾朝宗宫内景，主位奉"天上圣母"妈祖

海神信仰为何在厦门如此兴盛？第一，传统文化使然。闽人自古就有"尚巫好鬼"的习俗，《重纂福建通志》载："照得闽人好鬼，习俗相沿。"[①] 第二，海上军事行动的推进。厦门是东南沿海的军事重镇，明清以来海氛不靖，倭寇、外夷不断骚扰。军事将领在采取海上行动之前，都要举行隆重的祭祀海神仪式，祈求

---

① （清）孙尔准等修：《道光重纂福建通志》（二）卷五十五《风俗志》，《中国地方志集成·福建》，凤凰出版社2011年版。

旗开得胜,海神信仰得到官方认可。第三,海洋贸易的发展是厦门海神信仰纷杂的主要推动力。厦门处于东南沿海出洋贸易的咽喉地带,海内外交通极为发达,但在航海科技极为不发达的古代,面对变幻莫测的海洋,民众只能祈求神灵的护佑,民间海神信仰因此得到发展。第四,伴随着海洋移民的移神活动。众所周知,在航海交通工具不发达的古代,海洋移民是一项极具风险的活动。如果偷渡的话,生命更是岌岌可危。但迫于生计的厦门民众不惧艰险,开疆拓土。据传厦门的曾厝垵、五通码头、浯屿岛等都是移民偷渡出洋的常用据点,因此这些地方大都建有妈祖庙,出发前都要到庙里焚香祈求神明护佑。到达移民地点后,除了信奉共同的海神妈祖之外,同安籍民众多尊奉保生大帝[①]。

综观之,厦门海神信仰是以妈祖为核心的多神崇拜,呈现出纷杂性、功利性、辐射性、移植性等特点。纷杂性即厦门海洋神灵的多元化,除了妈祖外,亦供奉王爷、真武、苏碧云、王义娘等其他海神。功利性指厦门民众对海神并非单纯崇拜,而是具有某种目的性,如海商祈求一帆风顺、渔民希望渔业丰收、官吏希冀海晏河清等等。辐射性意为随着海洋移民的迁移,神灵信仰也随之流动,不断向外传播扩展。移植性即厦门的海神信仰缺乏创造性,大多是嫁接而来,如海神妈祖即莆田神。虽然厦门也有苏碧云、王义娘等原生海神,但这些神灵的影响力和辐射性极为有限,仅是局部的地方神灵。

---

① 林文豪主编:《海内外学人论妈祖》,中国社会科学出版社1992年版,第260页。

第四节 厦门海洋活动的人群

"福建辟在海隅,人满财乏,唯恃贩洋"①,厦门亦不例外。厦门海上活动人群主要包括移民、海商、海盗、渔民等群体。

厦门最早出洋者,据文献可考为元末明初明盛乡安仁里新安村(今杏林)邱毛德,他跋山涉水远赴东南亚,后其族人亦陆续前往马来半岛、吕宋、交趾等处谋生,《邱氏族谱》中出现了厦门人最早的出洋记录。

明朝,厦门出洋者日众。在明代的文书中记载:漳州、泉州的百姓出海图谋生计,福建土地很少,没有人可在陆地上得到利益。但是,海上的利益很大。② 厦门亦不例外,地窄人稠的先天地理缺陷驱动着厦门人远赴他国经营谋生,形成一股强大的海上流动力量。

苏鸣岗,出生于明万历八年(1580年)同安县,弱冠前往印度尼西亚谋生,后经商于爪哇、巴达维亚等地。他精通多国语言,被荷兰人聘为第一任华侨甲必丹,在任期间,积极维护华人权益,深得侨胞信任。崇祯八年(1635年)辞去职务,准备回厦门,但因政策阻隔,未遂愿。1644年病逝于巴达维亚。

李君常,明万历四十二年生于嘉禾里(厦门),赴马六甲经商,稍有积蓄后,购置土地作华侨义坟。康熙二十七年(1688年)病逝于马六甲,当地侨胞立"甲必丹李公济博懋勋颂德碑",

---

① 同治版《福建通志》卷八七《海禁》。
② 《明清史料》戊编第1本,中华书局1987年版,第4页。

纪其功勋。

这批早期出洋的厦门籍华侨在东南亚各处经营，在商业、政治等领域卓有功勋，为后续前往谋生者奠定了基础。

到了清朝，厦门人满财乏的状况仍未改变。乾隆二十四年（1759年）兵部文书称："闽省地窄人稠，岁产米谷不敷民食。"①因此，乡民不顾生命安危出外谋生。如广东碣石总兵苏明良雍正八年（1730年）九月十日的奏折称：八月十五日发现一艘漂流的船只，"无货物，只有男、妇一百二十九名"②，他们是福建同安、诏安、龙溪等县的乡民，准备从厦门列屿偷渡到台湾。澎湖进士蔡廷兰（1801—1859）亦云，其为诸生时，曾渡海不幸遭风，漂至安南，从陆路归时，见"自广义至凉山，历安南十四省，所至之地必有闽、粤聚处，各有庸长司其事，闽则晋江、同安人最多，盖不下十余万也"③。海关税务司许妥玛（F.F Hughes）在1882—1891年厦门海关十年报告中说："年复一年，成千上万贫困阶层的人移居国外。"④ 厦门迎来了出国谋生的高潮。

这些厦门华侨往往少年离乡，远赴他国，筚路蓝缕，逐渐成为杂货、航运、金融等领域的巨擘。同安人王友海，道光二十七年（1847年）赴沙捞越经商，在新加坡创设"启昌友海公司"，经营土产、杂货、布匹等业务。⑤ 厦门师山村叶崇禄，少时赴菲律宾谋生，由伙计逐渐成为"捷丰号"老板，经营糖类和杂货，后来不断拓展业务，在厦门、上海、香港、宁波、马尼拉、日本

---

① 《明清史料》庚编第6本，中华书局1987年版，第525页。
② 《宫中档雍正朝奏折》第十六辑，台湾故宫博物院1979年版，第903页。
③ （清）徐继畲：《瀛寰志略》，上海书店出版社2001年版，第23页。
④ 厦门市志编纂委员会：《近代厦门社会经济概况》，鹭江出版社1990年版，第273页。
⑤ 《厦门华侨志》编纂委员会编：《厦门华侨志》，鹭江出版社1991年版，第348页。

等地均设有商行。曾妈庇,又名广庇,安仁里曾营人,少失怙,家贫。十四岁即赴外洋。"以笃信勤朴为人信服,经营二十余载,获资三千余万"。陈伯屋,字伯富,阳翟人,少贫。比壮,抵安南营布商及染料。四十余年,获利二十万金。[1] 林推迁,同治三年(1864年)出生于厦门海沧,壮时南渡马来亚,1903年自创瑞丰盛轮船局,经营航运,后来又涉及橡胶、火锯、钨矿等领域,被称为"马来亚钨矿之王"。林云梯,同治五年出生于厦门禾山前埔,13岁南渡菲律宾,自伙计做起逐渐成为"棉布大王"。黄仲涵,厦门灌口李林村人,出生于印度尼西亚,经营蔗糖等行业,被誉为印度尼西亚"糖王"。黄瑞坤,同治六年出生于厦门禾山薛厝社,16岁南渡菲律宾,经营米铺,远销国内外。张永福,同治六年出生于厦门灌口,15岁远赴东南亚,创设新裕隆公司、集发商号、永通油厂等。林振宗,厦门灌口镇人,少时南渡缅甸,经营航运、原油等行业,与英商竞争。黄奕住,同治七年出生于南安县金淘镇,20岁赴印度尼西亚谋生,由收购杂货到专营糖业,与黄仲涵、郭锦茂、张盛隆并称为"印尼四大糖商"。郑螺生,同治九年出生于同安,幼时随父赴马来亚,创设"吉乘号"经营粮油、杂货。

  他们有了一定积蓄之后,便开始回馈乡梓。陈谦善"凡可以利桑梓报国家者或靡己费或集众款有义必赴";曾妈庇"无论中外,有募办公益者,妈庇悉踊跃输将,每岁必给发多资,以惠穷黎,故里中多爱戴之";杜文艮"凡有善举,辄独立肩之,虽巨资不惜也。偶不敷用,辄贷于人而偿其息,恒达数万金,无所吝计"[2]。他们的贡献主要集中于兴学育才、医疗卫生、捐赈救灾、

---

[1] 林学增等修:《福建省同安县志》,成文出版社1967年版,第1183—1185页。
[2] 林学增等修:《福建省同安县志》,成文出版社1967年版,第1183—1186页。

慷慨救国等方面。

热心教育，创办学校。叶崇禄返乡后，先后捐建厦门同文书院校舍，资助厦门女子公学、华侨女学等。曾妈庇，1911年在家乡"倡设乡学校，提款二万元为基金"，1915年又出资三万元建筑乡女校，"并基金厦设家族龙山学校，慨输七千余金为建筑费，继又担任常年费一千四百四十元"，在缅甸"则建设中华学校以育人才"①。陈伯屋，先后捐助阳翟学校建筑费及常费三千六百元。1903年，庄银安在缅甸创办中华义学、商益学校。林推迁历任新加坡爱同学校、中华女校、南洋女校、华侨中学等资助人、董事等职。林云梯捐建菲律宾普智学校、马尼拉华侨公学、泉州西隅学校等。李登辉，同安人，他于1901年创办的耶鲁学院是巴达维亚第一家英文学校。徐赞周，同治十二年（1873年）出生于厦门市徐厝村，1903年创办缅甸华侨第一所新学制学校中华义学。邱菽园，同治十三年生于厦门新垵乡，1899年与林文庆等创办新加坡第一所华侨女校。

捐建医院，改善卫生。陈谦善，1844年出生于厦门禾山仙岳社，少时即乘海舶往吕宋。及壮，便声誉中外，"曰斯巴利亚之官，举以为华人长，乃彼语所谓甲必丹者"，任事之后以维护华人利益为己任。外洋之地，华医有禁，华药有禁，陈谦善考虑到病民之穷困，于是倡建中华崇仁医院。又考虑防疫之苛酷，设华民防疫所。为了妥善安置"旅骨之无归也，创中华义冢以瘞之"②。曾妈庇亦慨捐二万五千金，成立同安医院。

筹集义款，赈济灾民。如陈谦善，"山东顺直灾，复各输千金赍建乐善好施坊。庚子（1900年）闽涝，倡捐巨款并鸠集数万金

---

① 林学增等修：《福建省同安县志》，成文出版社1967年版，第1183—1184页。
② 林学增等修：《福建省同安县志》，成文出版社1967年版，第1184—1186页。

备赈",因而得一品封典,晋光禄大夫。杜文良,性慷慨好施赈,光绪元年(1875年)五月,李鸿章"以赈灾奏奖文良以乐善好施,在籍建坊"。柯祖仕,每值故乡荒年,购米平粜,迭縻巨金,"其余如捐修庙宇、舍药、施茶、刊刷善书及筑桥造路诸善举,悉彰彰在人耳目",尤其在赈贫困、恤孤寡方面,"岁以为常,终君身于一日"。黄志信,灌口李林人,光绪七年赈济直隶河间府,"丁酉(1897年)修造灌口前场路长五六里,己亥(1899年)灌饥米都千文,汇洋五千元在灌设平粜局"①。

慷慨救国,为国捐躯。陈庆真,原籍厦门禾山店前人,出生于新加坡,道光三十年(1850年)在厦门组织小刀会,不断发展会众,在清军的围剿下,咸丰元年(1851年)牺牲。陈谦善,"甲午中东之役,助饷千金,总署奏奖花翎四品衔。"② 辛亥革命期间,黄瑞坤大力购买军政府债券,为革命军筹饷。郑螺生,先后投入维新运动、民主革命,并担任中国同盟会霹雳分会会长。徐赞周,1908年组织中国同盟会缅甸分会,先后创办《光华报》《进化报》《缅甸公报》,宣传革命。邱菽园,起初担任康有为保皇党新加坡分会会长,支持戊戌变法,后转为革命党。杨衢云,杏林人,在南非、新加坡、马来亚等地组建兴中会分会,筹措革命经费,与孙中山等人组织广州、惠州起义,不幸的是光绪二十七年(1901年)被刺杀身亡,年仅40岁。

民国以来,国内环境风云变幻,大量厦门人移居海外。厦门海关税务司巴尔(W. R. M'D. Parr)在1902—1911年厦门海关十年报告中道:"在我们回顾的这一时期内,厦门和海峡殖民地及荷属爪哇等地间的客运业兴盛不衰。每年前往这些殖民地的劳工

---

① 林学增等修:《福建省同安县志》,成文出版社1967年版,第1184—1187页。
② 林学增等修:《福建省同安县志》,成文出版社1967年版,第1185—1186页。

人数平均为 65378 人。"卓尔敦（K. E. Jordan）亦在 1932—1941 年厦门海关十年报告中云："厦门一直是移民出入的重要中心。"① 东亚同文会在福建做的移民地域分布的调查认为："福州、厦门等城市附近及沿海诸县航渡的比较多，而如延平、建宁、邵武各府下的山村之地见到此情况的比较少。"可见，民国时期，厦门涌现出大批华侨。这批华侨出海之后时刻关注中国命运，积极筹款、创办组织、刊印报纸，成为中国革命、抗战的先驱。

积极筹款，投身革命。陈嘉庚，"同治甲戌（1874 年）生于集美社之颍川世泽堂"，稍长随父南渡新加坡，经营橡胶、轮船、米厂、白铁等业，获利甚巨。"以其财力雄富，弥益践行义举"②。1910 年加入中国同盟会，先后担任新加坡"福建保安筹款委员会""山东惨祸筹赈会""新加坡华侨筹赈祖国伤兵难民大会""新加坡华侨抗敌后援会"等会会长，为政府筹款、提案、献言献策，因此毛泽东亲笔题词"华侨旗帜，民族光辉"。庄银安成立中国同盟会缅甸分会，宣传民主革命，武昌起义后，携华侨捐款返厦策应起义。张永福，厦门灌口人，民国年间，担任中华国民党驻缅甸支部第一副部长。抗战期间，积极筹款，支持祖国的抗战事业。郑螺生，积极参加抗日救国活动，在马来亚不断宣传抗战。李振殿，厦门海沧人，蝉联五届同德书报社（国民党在东南亚重要阵地之一）社长。1928 年当选"新加坡山东筹赈会"财政，积极为遭遇"五三惨案"之后的济南募捐。

兴学育才，启发民智。张永福，创立缅甸福建女子学校，开缅甸女子教育之先河。黄奕住，先后资助厦门大学、北京大学、

---

① 厦门市志编纂委员会：《近代厦门社会经济概况》，鹭江出版社 1990 年版，第 359、428 页。

② 林学增等修：《福建省同安县志》，成文出版社 1967 年版，第 449—451 页。

上海复旦大学等高等学校教育经费。林文庆，祖籍厦门海沧，1921年出任厦门大学校长，历时16年之久，为厦门大学的创建和发展贡献良多。被誉为厦门大学校主的陈嘉庚，"唯以兴学救国为终身之职志，盖深痛吾国末俗之浇漓，学问之窃败，师道之凌夷，与夫坐拥厚资者，之知有富而不知有教也。"回国之后，将其教育思想付诸实践。

自厦门有人迹活动以来，居民多通商贾，因此海商与海盗亦是厦门重要的海上活动人群。海晏河清时，商民多经营正当生意，若遇荒年或盘剥，则事劫掠，海商转而为盗，因此二者无截然区隔。明末以郑芝龙、郑成功为首，雍乾之后，则以蔡牵为耀，纵横闽浙粤洋面。前文详细介绍过郑氏海商集团，以及厦门与东西洋贸易中的一些普通船户，此处即撷取部分典型海商、海盗展示厦门海洋活动人群的着力向洋。

17世纪上半叶，有一个活跃于海峡两岸的大商人Hambuan，他沟通了大厦门湾与台湾荷兰人的贸易。据台湾学者考订，Hambuan为同安士绅林亨万，但杨国桢利用荷兰资料和信函分析认为Hambuan是"一位通晓荷兰语、具有经商技巧和公关能力的明末自由商人"[①]。由于资料限制，我们目前仍无法确定他的原名和籍贯，但鉴于他在厦门湾地区扮演的重要角色，我们有必要陈述一二。

Hambuan负责收购大厦门湾的鹿皮、生丝、布料、砂糖、瓷器等物品，运往大员（台湾）。关于鹿皮的交易，在《热兰遮城日志》多处有记载。1633年6月14日，"有三艘戎克船出航前往中国（厦门），有一艘前往魍港，要去为华商Hambuan搬运鹿皮"。

---

① 杨国桢：《十七世纪海峡两岸贸易的大商人——商人Hambuan文书试探》，《中国史研究》2003年第2期。

1633年11月8日，"我们将与中国商人Hambuan与Neoucoe缔定跟去年相同的契约，以便得以使公司尽量购得很多鹿皮"。1635年7月28日，Hambuan从二林（Giren）载鹿皮回台湾，却不幸遭遇北风，船毁物灭①。

除了鹿皮，Hambuan从厦门湾收购大量生丝、砂糖、瓷器、姜等货物运往台湾。1634年2月3日，"Hambuan的戎克船从安海河载着四十担生丝、两百篮糖与一些姜抵达此地"。又过月余，自安海"满载着约一百三十担生丝与各种丝货"。6月6日，从漳州河抵达大员，载来四十担生丝、一批丝质布料、瓷器及其他货物。7月4日，从安海运来丝、丝质布料、袜子等货品。8月25日，Hambuan与Jocksum的戎克船抵达澎湖，运载六十担生丝、砂糖、冰糖、明矾及少量丝质布料。12月31日，又带领两艘戎克船抵达台湾，所载的大部分为丝、丝质布料、瓷器及其他货物。1636年11月12日，Hambuan在写给荷兰官员的信中答应他们运来300担黄丝、200担素色黄丝、8万匹京绫、天鹅绒、纱绫等物品。1637年7月24日，Hambuan用Jocksum的戎克船运来丝织品。1640年1月13日，Hambuan带领三艘戎克船从安海运来大量丝以及各种精美的丝织品②等等，多处记载了Hambuan运送货物前往大员。最多的是集中于1634年这一年，差不多每个月都要运送一次，可见厦门与台湾海上贸易之繁盛。

1640年10月2日，Hambuan前往安海，船上装有物品计黄金10吨、胡椒14万余斤、没药316斤、丁香4638斤、儿茶9748斤、象牙8477斤、乳香10120斤、丁银300箱。但出航不久船即

① 江树生译注：《热兰遮城日志》（一），台南市政府2002年版，第92、135、200页。
② 江树生译注：《热兰遮城日志》（一），台南市政府2002年版，第145、148、179、195、269、332、467页。

沉没，Hambuan 亦溺死了。①

除了 Hambuan，林兴亦是厦门大海商的代表之一。林兴是闻名于道光年间的富豪，但由于经营的海舶不断遭遇海难，因此负债累累。无奈之下，他向朋友租借3000两银子，南渡新加坡经营香药、木材等贸易，获利至巨，成为海上巨擘。

厦门海匪之兴，由来已久。魏源《国初东南靖海记》云："（郑）芝龙子成功及其兄子郑彩、郑联，并拥众海上，是为浙、闽沿海二寇之始。"② 其实不然，元朝时厦门即有人为盗，《同安县志》载："元至正十年（1350年），同安盗掠海滨，监郡偰玉立俘其魁。"③ 可能当时不足为患，不为世人所知。至康熙克台湾，平郑氏，开海禁，盗匪渐息。

嘉庆初年，艇盗之扰兴。"艇盗者，始于安南阮光平父子窃国后，师老财匮，乃招濒海亡命，资以兵船，诱以官爵，令劫内洋商舶，以济兵饷……大为患粤地。继而内地土盗凤尾帮、水澳帮亦附之，遂深入闽、浙"④。地方文武衙门兵役追捕之，海盗即以贿赂之，兵役遂与之通，"及兵通而千把通，及役通而县以上衙门亦通"，"年有规例，故犯而不校"。并且内陆人民常为内应，为其提供粮米器械。官民皆被其收买，厦门海匪肆虐，不但商船被其劫掠，海滨捕鱼之人亦受其侵扰。

此时，厦门海盗以蔡牵为显。据传有所谓"海先生"者，每

---

① 江树生译注：《热兰遮城日志》（一），台南市政府2002年版，第473页。
② （清）魏源：《圣武记》卷八《国初东南靖海记》，载沈云龙主编：《近代中国史料丛刊》第十一辑，文海出版社1966—1973年版，第615页。
③ （清）朱奇珍修，叶心朝、张金友纂：《（康熙）同安县志》，《福建师范大学图书馆藏稀见方志丛刊》第10册，国家图书馆出版社2008年版，第303—316页。
④ （清）魏源：《圣武记》卷八《嘉庆东南靖海记》，载沈云龙主编：《近代中国史料丛刊》第十一辑，文海出版社1966—1973年版，第662页。

年收平安钱,钱不至,则祸至,"其商船定有规矩,献钱后乃给照票,再遇他盗,照票乃免"。而盗之总其事者居福宁、温州外洋岛中,不知姓名,盖因索取有限,不如海关层层剥削,而称"公道大王"。后公道大王死,蔡牵承之。因蔡牵"奸猾善捭阖,能使其众","而从之者益多,渐不可制"。蔡牵行劫海面之法,一为"劫人越货","以海船之多货者劫,其人禁之,定以钱数,使其家照数来赎"①。二为收"出洋税","凡商船出洋者,勒税番银四百圆,回船倍之,乃免劫"②。故诓钱愈多,盗风愈炽。后得夷艇夷炮,凡水澳、凤尾余党,皆附之,福建海盗皆为蔡牵统领,复大猖獗。

蔡牵常与内陆会匪、闽商、闽卒等势力勾结。首先,与陆地会匪勾结,阴济船械、硝磺、米粮等。其次,贿赂闽商,造大海舶,载货出洋时,谎报被劫,海船遂为蔡牵所有。最后,买通闽卒、闽师。礼亲王《啸亭杂录》曰:"李长庚围蔡牵于台湾,断其走路,牵使其腹心蹈小舟为降,欲行刺长庚,搜衣得刃,斩之时所将浙兵止二三千余皆闽卒,蔡牵以赎钱数十万偏赂闽卒,买路闽师,遂解,守港口者纵之去。"③ 可见,蔡牵势力已深入水师内部。

随着势力的日益壮大,蔡牵不断劫掠闽浙粤海面,与清朝水师在洋面博弈十余年之久。嘉庆七年(1802年),蔡牵率船队攻打厦门,夺炮13门,震惊朝野,嘉庆下帝诏谕:"朕闻浙省海疆,

---

① (清)陈焯:《归云室见闻杂记》卷上。
② (清)魏源:《圣武记》卷八《嘉庆东南靖海记》,载沈云龙主编:《近代中国史料丛刊》第十一辑,文海出版社1966—1973年版,第664页。
③ (清)魏源:《圣武记》卷八《嘉庆东南靖海记》,载沈云龙主编:《近代中国史料丛刊》第十一辑,文海出版社1966—1973年版,第678页。

土盗甚多，艇匪、凤尾、蔡牵等帮，肆行勾结为害，押人勒赎。"① 遂命浙江水师提督李长庚前往剿灭，李长庚"赴闽造大舰三十，名曰霆船"②，连败蔡牵。次年，蔡牵窜掠定海，被李长庚围剿，无奈伪乞降于闽浙总督玉德，但曰"果许我降，勿令浙师上风逼我"，玉德应之，"遽缴浙师收港勿出"，

重修鼓浪屿三和宫记，其中记录了剿灭蔡牵之事

因此蔡牵得以"缮樯械，备糇粮，扬帆去"，移屯台湾海面。嘉庆九年，集合大船80余艘，闯入福建海面，戕杀温州总兵胡振声。秋，蔡牵、朱濆入浙江海面，被长庚击溃。嘉庆十一年冬，蔡牵率百余艘大船进犯台湾，欲取之为据点，先攻打淡水、凤山等地，得到当地民众支持，队伍发展至2万人，自号"镇海王"。朝廷急调李长庚前往镇压，蔡牵无路可逃，困于北汕，"会风潮骤涨，（蔡牵）沉舟漂起"，得以逃脱。此次鹿耳门之围，蔡牵损失严重，仅余船三十，"篷朽硝缺"。回到福建，即"装篷燂洗，焕然一新，

---

① 《清仁宗实录》卷六八。
② 赵尔巽：《清史稿》（第三十七册）列传一三七《李长庚传》，中华书局1977年版，第11254页。

粮药充足"①，重整旗鼓。四月，又犯福宁外洋。嘉庆十二年，在广东黑水洋迎战李长庚和福建提督张见陞，仅剩三艘船，李长庚本想乘胜追击，但不幸中弹，当即殒命。蔡牵遁入安南外洋，休养调整。李长庚死后，朝廷又命王得禄、邱良功继续追击蔡牵。嘉庆十四年，蔡牵与闽浙水师连战于定海、黑水洋，终因寡不敌众，"举炮自裂其舟沉于海"②。

厦门为滨海之地，民多以海为生。而海上捕捞，危险性极大，"论曰夫操舟于海，岂与江河溪涧等哉，风波顷刻，人力无所施巧，矧溪船乘潮，又常以夜乎"③。即便如此，"民之以海为生者众矣"。

厦门渔课分为海塘米、海荡米、渔课米三色人户。塘即浅海水域，"泥潦停蓄可居鱼物，兴产蚝、蛏、蛤、蚬，所在皆塘之谓也"，因其捕捞容易且鱼获丰富，渔课亦重。海稍深处为"荡"，"从塘之外稍深去处，鱼虾出没，网罟无时者皆荡之谓也"，捕捞于海荡者，其利不如海塘，其赋税亦轻。除了塘、荡者，海洋渔船所不能至者，纳渔课米。渔民随潮驾船，撒网垂纶，任其流动。与塘、荡相比，此类渔民收获无常，"正以鱼物之在水，随其潮涨则任去留，渔者取之于潮而非取之荡之所畜者也"，"故不得而禁之，其取之既泛，则得之有数，其利必薄"，

---

① （清）魏源：《圣武记》卷八《嘉庆东南靖海记》，载沈云龙主编：《近代中国史料丛刊》第十一辑，文海出版社 1966—1973 年版，第 668 页。

② 赵尔巽：《清史稿》（第三十七册）列传一三七《李长庚传》，中华书局 1977 年版，第 11258 页。

③ （明）蔡献臣：《清白堂稿》（上）卷八《同安志》，金门县政府 1999 年版，第 646—647 页。

因此渔课亦少。①

后来,厦门渔民发明了"竖网柱以网渔"之法。"松柱之大以径尺计,其长以数仞计",但因树立于旷远之地,因此并未影响海船行驶。后来渐渐密布海道,"客舶之挂且裂于柱者比比然",甚至有不幸而殒命者。当地官员曾下令禁革,命其径自砍去,但渔民不为所动,"网日增多,柱日增密"。同安籍文人蔡献臣不禁感慨:"以区区渔利,而轻百十人之命为戏。试问其祖若父,向者不以旷远张网遂至无鱼,则亦何必截流竭泽而后为快乎。彼渔民岂独无人心者哉?理而谕旨,法而绳之,航海者庶其有瘳乎?"②

民国时期,政府曾对厦门渔业做过系统调查。鱼类多为嘉腊鱼、红花鱼、白带鱼、鲅鱼、乌鲳鱼、沙鱼、鲦鱼(金厦近海至铜山)等。渔港以厦门港为最,可容渔船一百二十碇泊。渔船俗称钓艚,多以杉木制成,长五丈至六丈,阔约二丈,深三尺至六尺。风帆包括中帆、前帆、尾帆各一,均横帆,三角帆一个。船上有舵工一人、副一人、渔夫十四人至十六人,妇女三四人。造船费根据船的大小而定,长五丈者需三千一百二十元,长六丈者需四千一百二十元,除此之外船具需五百元,渔具另算。一只船大约能用十年,初造四年后,每年须修理一次。春冬二季,每船备竹排四只至六只,舢板一只,夏季备竹排十二只。钓艚所用之渔具大率为钓具,仅乌鲲网一种,用麻绳制成。

---

① (清)朱奇珍修,叶心朝、张金友纂:《(康熙)同安县志》,《福建师范大学图书馆藏稀见方志丛刊》第 10 册,国家图书馆出版社 2008 年版,第 327—328 页。
② (明)蔡献臣:《清白堂稿》(上)卷八《同安志》,金门县政府 1999 年版,第 646—647 页。

| 结　语 |

一、厦门是一座向海而生的城市

厦门的发展史昭示我们：厦门的发展繁荣都是在面向大海的时期内实现的。远古的贝丘遗址显示厦门早期人类是耕海耘波的一群人，随着造船和航海技术的进步，沿海一带的人们将他们的剩余产品输进输出，换取别人的产品，实现了早期贸易的区域化。

通过海上航线，厦门人更远地走向外部世界，在郑和下西洋的时代，以厦门为中心的闽南海上人群在造船、航行和记录官方海上行为方面都做出了杰出的贡献，也在郑和下西洋以后的时代里，继续延续着向海外发展的传统，乃至在西方殖民者东来时，不得不借助于以闽南华侨为主体的人们的积极引导。当明王朝为倭寇所困扰时，闽南人变通性地应对，或窝藏，或接济，或通番，从未断绝过与海上世界的联系，有时分散，有时则形成武装化的集团势力，乃至于与明王朝的官军形成分庭抗礼之势。郑芝龙郑成功集团是在一统闽南海上江湖而形成的海上帝国，不仅与明朝，而且也与清朝长期对峙达半个世纪之久，充分显示了海洋经济的强大生命力。

清廷曾积极谋求有效治理东南海洋区域的可行途径，禁海迁界是极端性的一时性的绞杀敌对势力的举措，一旦统一了全国之后，开海成为清王朝治理海疆的主旋律，厦门成为最早设立海关的四个城市之一，也是对外开放程度较高的城市之一。

近代以来，厦门被迫作为五口通商城市之一，对外交往与人员交流频繁，厦门的国际化程度日益加强。到民国时期，当华侨遭遇世界性经济危机之际，厦门成为他们躲避浩劫的良好避风港，这恰好成为厦门城市建设现代化的又一契机，厦门的近代工商业蓬勃发展，市政建设成效显著，厦门鼓浪屿成为以华侨为主导的国际社区。

改革开放以来，厦门再度迎来了蓬勃发展的大好机遇，台商投资区、自由贸易试验区等的建设给厦门由海而兴插上了强劲的翅膀。厦门作为国际风景园林化城市正吸引着越来越多的各国友人、游客来到厦门，给这座古老而又年轻的城市增添活力。

重修厦门城碑记

二、厦门海丝文化的当代价值

厦门从一个海滨渔村成长为一个现代化港口都市,海洋贸易的牵引是一个重要因素。厦门的行政级别曾历经变迁,从嘉禾里到思明州到厦门市,经常与其军事战略地位的重要性相关,无论如何,厦门至今仍体量不大,其发展仍多受掣肘。

吴振强认为厦门是通向延伸的海洋疆界最重要的门户,为闽南人在农村之外的冒险提供了舞台。这座城市是闽南贸易群体的本土产物。政府管理的灵活性为地方能动性的发挥留出了巨大的空间,直接带动了海上贸易的扩张。因此厦门成为闽南泉漳地区的市场中心,但它却又是较少行政主导或事先规划的。来自泉漳地区的人们汇集于此,形成了新的厦门认同,商人成为社会的主导角色,官员和士绅呼应商人们的诉求,商人时常也捐有官衔,官员也时常兼有商人身份,因此厦门自始就是一个商业都会。

厦门的地理环境决定了它成为网络化市场体系的节点。隔着台湾海峡是台湾地区,往南可达菲律宾、印度尼西亚、马来亚等东西洋国家,往北可及琉球、日本、朝鲜等地,沿着中国的海岸线可经宁波到上海、青岛、烟台、天津直至东北的牛庄、盖州。关键是厦门较泉州、月港更具有深水良港、较好的避风环境以及行政管制的软约束,如果说厦门在1683年前曾经历了因走私而被迁界的命运,那么在1683年后,随着施琅统一台湾,厦门进入了一个合法化港口贸易时代。贸易商品从奢侈品扩展到大众日常消费品,大米、蔗糖、衣料等等应有尽有,贸易航线随船只类型的不同而错综交织,达到了无远弗届的境地。除了资本雄厚的商业大亨外,中小商人也能跻身其中,分润其中,闽南海商构筑的这个贸易网络还赢得了其他地区海商的襄助，从而极大地丰富了这个网络中的海商成分和商品种类。在各类商人中，台湾的米商、糖商和厦门的行商绝对是腰缠万贯了。

官僚机构曾设法通过税收、国家垄断、证照、特许权和政治压力来控制乃至贬抑商业活动，这在明代以前曾一直具有主导性，但进入清代，尤其是对待东南沿海地区，朝廷对商业活动的抑制、课税和勒索均显得较轻。可以说，清王朝在坚持儒家思想与发展商业二者之间找到了一个平衡点。特别是那些具体制定政策和执行政策的人们给予沿海贸易活动以政策的建议、管制的放宽乃至故意的放纵，从而使纸上冷冰冰的禁绝变成了具有温度的货畅其流。

泉漳商人在本地官员的笔下不但不是卑贱的一群人，而且时常是吁请奏折中要保护的对象，这给朝廷和官员更好地理解和认可海上贸易奠定了基础，分布于各商业口岸的福建籍的水师官员往往以实际行动充当了泉漳海商们的保护伞。因此，17世纪末18世纪初的康雍时期，泉漳海商的商业技能获得了磨炼，贸易网络得到进一步的扩张，他们不断冲破传统社会的经济疆界，在贸易活动中赢得了丰赡的财富，托起了厦门这个海港城市的兴起。

乾隆二十二年（1757年），乾隆皇帝下旨：除广州一地外，停止厦门、宁波等港口的对外贸易，这就是所谓的"一口通商"政策。其实，清廷制定该政策的出发点主要是规范外国商人的入口行为，广州是外国人进入较集中的地方，官方管理机制也相对健全，因而要求以英国为代表的西方商人集中由广州入口，以日本为代表的外国商人集中由福州和宁波等地管理。广州的担保体系是18世纪30年代建立起来的，主要为到达广州的外国船只提供担保，最初只有一两个保商能提供这项服务，1745年，数量增加到5个，省级官员可以从当时20多家洋行商人中挑选财力雄厚的商人担任保人。厦门则主要是本地海商出口的地方，厦门的承保商称行保或保家，为从厦门出发去沿海或南洋贸易的本地商人提供担保。在实践中，厦门几乎每一个富商，不论其是否有行商的身份，都有资格担任保人。

正因为如此，厦门较少见到外国船只的进入，偶尔有外国船只进入时，官府只得临时委派一名商人，甚至只能从行商乃至铺商中新选出一个特别小组，与外国贸易者打交道，有时也能做成较小规模的生意。事实上，广州的行商中，聚集着不少的泉漳商人，著名的十三行商中，有潘振承等多位泉漳籍商人。

厦门港这一特色形成的原因，当跟厦门毗邻台湾这一军事战略地位更加重要有关，也跟泉漳地区长期以来善闯海外有关，西方殖民者进入中国东南沿海广东福建浙江等地时，时常须获得活跃于海上的泉漳商人的指引。泉漳商人不仅能从内地采购丰富的物资，而且建造各式的船只，占据近海、远洋的贸易主导地位，甚至在郑芝龙、郑成功时代建立起与王朝分庭抗礼的海上帝国。郑氏政权的存在与后续影响都令清王朝对厦门海洋贸易的控制更为严厉，以避免因活跃的中外海上贸易再培植出令王朝头疼的割据势力。隆庆元年（1567年）的月港曾被称为"天子之南库"，乾隆以前的厦门也是堪与广州比肩的海上大港，只是出于王朝安全的考虑，厦门等地的资源被汇合到广州，才导致了广州的一枝独秀。不过，由于厦门具有重要战略地位，虽然没有行政级别的提升，却成为清廷、官府灵活施政的所在，厦门的繁荣依然维持。

作为泉漳人共同成就的厦门，如今被确立为21世纪海上丝绸之路建设的支点城市，这是历史的必然。如今的厦门理应继承先辈的开拓进取精神，利用深水良港的天然优势和建设自由港的政策优势，乘势而上，自觉当好闽南金三角的龙头，整合泉漳厦的资源，形成合力，激发全体人民的创业热情，追赶广州，努力加快泉州、漳州、厦门的同城化、一体化，使之成为海峡西岸又一个贸易中心、金融中心和文化中心。

厦门海丝文化发展的历史是今后厦门继续前进的宝贵财富，我们可以从厦门海丝文化发展史中汲取到丰富的营养，产生出若干可资借鉴的当代价值。

首先，厦门是祖国东南的一颗明珠，既具有浓重的海洋文化气息，又是内陆文化、闽南文化乃至西方文化的碰撞之地，其中有相互的矛盾与不适，又有若干相互协调、和谐共生的美好佳话，只要我们抱着吸收全人类文化的优秀成分的心态，就一定能在历史中寻找到构建人类命运共同体的基因。

其次，厦门海丝文化历史中包含了若干官民相互冲突、对抗的历史片段，却也多有厦门海商支持官方航海活动、共同抵御来犯外敌的事例。这表明，厦门海洋文化存在两面性，我们理应从中借鉴到好的方面，为今后厦门海洋经济的发展提供助力。

最后，厦门海丝文化历史中，华侨是一支特别活跃的力量，如今分布在世界各地的华侨是我们倡导建设 21 世纪海上丝绸之路的内在底气，他们过去对促进祖国与定居国之间的民心相通做出过贡献，今后进一步有效地发挥他们的作用，可以为我们向世界传播中国智慧、中国经验和中国方案架桥铺路。

| 参考文献 |

古籍与资料汇编

（晋）嵇含：《南方草木状》，广东科技出版社2009年版。

（宋）周去非著，杨武泉校注：《岭外代答校注》，中华书局1999年版。

（元）汪大渊著，苏继庼校释：《岛夷志略校释》，中华书局1981年版。

（明）马欢撰，冯承钧校注：《瀛涯胜览校注》，中华书局1955年版。

（明）焦竑：《焦太史编辑国朝献徵录》，"续修四库全书"史部第527册，上海古籍出版社1996年版。

（明）黄仲昭：《八闽通志（修订本）》，福建人民出版社2006年版。

（明）周希哲、管镒修，张时彻纂：嘉靖《宁波府志》，"中国地方志集成"善本方志辑第一编 78 册，凤凰出版社 2014 年版。

（明）戴金：《皇明条法事类纂》，"中国珍稀法律典籍集成"乙编第四册，科学出版社 1994 年版。

（明）戴璟：嘉靖《广东通志初稿》，"北京图书馆古籍珍本丛刊"史部地理类第 38 册，书目文献出版社 1996 年版。

（明）郑若曾：《筹海图编》，"钦定四库全书"史部第 11 册。

（明）朱纨：《甓余杂集》，"四库全书存目丛书"集部第 78 册，齐鲁书社，1997 年版。

（明）俞大猷：《正气堂集》，"八闽文献丛刊"《正气堂全集》，福建人民出版社 2007 年版。

（明）林希元：《林次崖先生文集》，"四库全书存目丛书"集部第 76 册，齐鲁书社 1997 年版。

（明）顾应祥等：（嘉靖）《重修问刑条例》，《天一阁藏明代政书珍本丛刊》第 20 册，线装书局 2010 年版。

（明）郑舜功：《日本一鉴·穷河话海》，商务印书馆 1939 年版。

（明）郑晓：《端简郑公文集》，齐鲁书社 1997 年版。

（明）雷礼、范守己、谭希思撰：《皇明大政纪》，"续修四库全书"史部第 354 册，上海古籍出版社 1996 年版。

（明）卜大同辑：《备倭图记·置制》，"丛书集成初编"《备倭图记（及其他三种）》，中华书局 1991 年版。

（明）宗臣：《宗子相集》，"四库全书"第 1287 册，集部第 226 册，上海古籍出版社 1987 年版。

（明）采九德：《倭变事略（盐邑志林本）》，"丛书集成初编"，中华书局 1985 年版。

（明）赵世卿：《司农奏议》，"续修四库全书"史部第 480 册，上海古籍出版社 1996 年版。

（明）王士骐：《皇明驭倭录》，"续修四库全书"史部第 428 册，上海古籍出版社 1996 年版。

（明）罗青霄修，谢彬纂：（万历元年）《漳州府志》，台湾学生书局 1965 年版。

（明）许孚远：《敬和堂集》，日本内阁文库藏本。

（明）董应举：《崇相集》，"台湾文献丛刊第 8 辑"，大通书局 1987 年版。

（明）郭棐纂修：万历《广东通志》，"四库全书存目丛书"，197—198 册。

（明）张燮著，谢方点校：《东西洋考》，中华书局 1981 年版。

（明）谢肇淛：《五杂俎》，中央书店 1935 年版。

（明）陈子龙辑：《明经世文编》，中华书局 1962 年版。

（明）李光缙：《景璧集》，"八闽文献丛刊"，福建人民出版社 2012 年版。

（明）沈有容等辑：《闽海赠言》，"台湾文献丛刊"第 56 种，台湾银行经济研究室 1959 年版。

（明）蔡献臣：《清白堂稿》，"四库未收书辑刊"陆辑 22 册，北京出版社 2000 年版。

（明）何乔远：《闽书》，福建人民出版社 1994 年版。

（明）佚名：《顺风相送》，载向达校注：《两种海道针经》，中华书局 1961 年版。

（明）梁兆阳修，蔡国祯、张燮等纂：（崇祯）《海澄县志》，"稀见中国地方志汇刊"第 33 册，中国书店 1992 年版。

（明）池显方撰，厦门市图书馆校注：《晃岩集》，厦门大学出版社 2009 年版。

（清）黄叔璥：《台海使槎录》，"近代中国史料丛刊续编"，第 51 辑。

（清）佚名：《指南正法》，载向达校注：《两种海道针经》，中华书局 1961 年版。

（清）张廷玉等撰：《明史》，中华书局 1974 年版。

（清）陈伦炯撰，李长傅校注，陈代光整理：《海国闻见录校注》，中州古籍出版社 1985 年版。

（清）姜宸英：《海防总论》，载《清经世文编》，中华书局 1992 年版。

（清）蓝鼎元：《论南洋事宜书》，载《清经世文编》，中华书局 1992 年版。

（清）王大海撰著，姚楠、吴琅璇校注：《海岛逸志》，学津书店 1992 年版。

（清）蓝鼎元撰，蒋炳剑、王钿点校：《鹿洲全集》，厦门大学出版社 1995 年版。

（清）朱奇珍修，叶心朝、张金友纂：《（康熙）同安县志》，国家图书馆出版社 2008 年版。

（清）薛起凤主纂：《鹭江志》，鹭江出版社 1998 年版。

（清）周凯：道光《厦门志》，"台湾文献丛刊"第 95 种，台湾银行 1961 年版。

（清）陈寿祺等撰：《福建通志》，华文书局股份有限公司 1968 年版。

（清）徐继畬：《瀛寰志略》，上海书店出版社 2001 年版。

（清）林针：《西海纪游草》，岳麓书社 1985 年版

林学增等修：《福建省同安县志》，成文出版社 1967 年版。

赵尔巽：《清史稿》，中华书局1977年版。

（日）南浦：《南浦文集》，日本国立国会图书馆藏，宽永二年刊本。

《明实录》，台湾"中央研究院"历史语言研究所1962年版。

《清实录》，中华书局1986年版。

《明清史料庚编》，中华书局1987年版。

《清经世文编》，中华书局1992年版。

《福建省例》，载《台湾文献史料丛刊》第七辑，台湾大通书局1987年版。

中国第一历史档案馆整理：《康熙起居注》，中华书局1984年版。

中国第一历史档案馆编：《雍正朝汉文朱批奏折汇编》，江苏古籍出版社1991年版。

台湾故宫博物院编：《宫中档雍正朝奏折》，台湾故宫博物院1978年版。

台湾故宫博物院编：《宫中档乾隆朝奏折》，台湾故宫博物院1982年版。

郭辉译：《巴达维亚城日记（第一册）》，台湾省文献委员会1989年版

《巴达维亚城日记（第三册）》，台湾省文献委员会1970年版。

江树生译注：《热兰遮城日志·第一册（1629—1641）》，台南市政府2002年版。

江树生译注：《热兰遮城日志·第三册（1648—1655）》，台南市政府2004年版。

《历代宝案》，台湾大学1972年版。

林春胜、林信笃编，浦廉一解说：《华夷变态》，东洋文库刊1958年版。

（美）马士：《东印度公司对华贸易编年史》，中山大学出版社1991年版。

吴晗辑：《朝鲜李朝实录中的中国史料》，中华书局1980年版。

《大日本近世史料·唐通事会所目录》，东京大学出版会1955年版。

王铁崖编：《中外旧约章汇编》第一册，生活·读书·新知三联书店1957年版。

姚贤镐编：《中国近代对外贸易史资料（1840—1895）》第一册，中华书局1962年版。

中国史学会主编：《中国近代史资料丛刊：第二次鸦片战争（一）》，上海人民出版社1978版。

台湾省文献委员会编：《台湾省通志》，台湾省文献委员会1970年版。

林昆煌：《金门志（全）》，大通书局1984年版。

厦门市志编纂委员会：《近代厦门社会经济概况》，鹭江出版社1990年版。

《厦门华侨志》编纂委员会编：《厦门华侨志》，鹭江出版社1991年版。

厦门港史志编纂委员会：《厦门港志》，人民交通出版社1994年版。

中国第二历史档案馆：《中国旧海关史料》，京华出版社2001年版。

吴松弟：《美国哈佛大学图书馆藏未刊中国旧海关史料》，广西师范大学出版社2014年版。

（日）松浦章编著，卞凤奎编译：《清代帆船东亚航运史料汇编》，乐学 2007 年版。

专　　著

《安海志》修编小组编：《安海志》，1983 年。

陈聪辉主编：《厦门经济特区辞典》，人民出版社 1996 年版。

陈峰辑注，厦门市图书馆编：《厦门海疆文献辑注》，厦门大学出版社 2013 年版。

陈国栋：《东亚海域一千年：历史上的海洋中国与对外贸易》，山东画报出版社 2006 年版。

陈佳荣、朱鉴秋编著：《渡海方程辑注》，中西书局 2013 年版。

陈荆和：《十六世纪之菲律宾华侨》，新亚研究所 1963 年版。

孔立：《厦门史话》，上海人民出版社 1979 年版。

顾海：《厦门港》，福建人民出版社 2001 年版。

李金明：《厦门海外交通》，鹭江出版社 1996 年版。

陈娟英：《中国福建古陶瓷标本大系：厦门窑》，福建美术出版社 2005 年版。

陈希育：《中国帆船与海外贸易》，厦门大学出版社 1991 年版。

陈亚元、陈国林：《厦门货币图录》，厦门大学出版社 2012 年版。

戴裔煊、钟国豪：《澳门历史纲要》，知识出版社 1999 年版。

冯立军：《古代中国与东南亚中医药交流研究》，云南美术出版社2010年版。

福建省泉州海外交通史博物馆编：《泉州湾宋代海船发掘与研究》，海洋出版社1987年版。

傅衣凌：《明清时代商人及商业资本》，人民出版社1956年版。

黄鸣奋、李菁：《厦门人物（历史篇）》，鹭江出版社1996年版。

黄滋生、何思兵：《菲律宾华侨史》，广东高等教育出版社2009年版。

靳维柏：《厦门历史文物精粹》，厦门大学出版社2016年版。

连横：《台湾通史》，生活·读书·新知三联书店2011年版。

连心豪：《水客走水——近代中国沿海的走私与反走私》，江西高校出版社2005年版。

梁嘉彬：《广东十三行考》，广东人民出版社1999年版。

林国平、钟建华：《漳州民间信仰与闽南社会（上）》，中国社会科学出版社2016年版。

林南中：《漳州外来货币概述》，福建人民出版社2014年版。

林仁川：《福建对外贸易与海关史》，鹭江出版社1991年版。

林文涨：《回首鹿耳门——纪念郑成功复台333周年》，泽伟出版社1993年版。

彭德清：《中国航海史（近代航海史）》，人民交通出版社1989年版。

全汉昇：《中国经济史论丛》，新亚研究所1962年版。

三明市地方志编纂委员会：《三明历史名人》，海峡文艺出版社2008年版。

厦门港史志编纂委员会：《厦门港史》，人民交通出版社 1993 年版。

厦门市地方编纂委员会：《厦门市志》，方志出版社 2004 年版。

厦门市志编纂委员会、《厦门海关志》编委会：《近代厦门社会经济概况》，鹭江出版社 1990 年版。

王日根：《曾厝垵村史》，海峡文艺出版社 2017 年版。

吴春明：《涨海行舟：海洋遗产的考古与历史探究》，海洋出版社 2016 年版。

叶文程：《中国古陶瓷标本·福建汀溪窑》，岭南美术出版社 2002 年版。

曾玲：《福建手工业发展史》，厦门大学出版社 1995 年版。

中国人民政治协商会议福建省委员会文史资料编辑室：《福建文史资料》第五辑，福建人民出版社 1981 年版。

周子峰：《近代厦门城市发展史研究：1900—1937》，厦门大学出版社 2005 年版。

李启宇：《厦门史略》，福建人民出版社 2008 年版。

陈自强：《漳州古代海外交通与海洋文化》，福建人民出版社 2014 年版。

陈自强：《明清时期闽南海洋文化概论》，鹭江出版社 2012 年版。

方碧勇：《大海留痕——古代海上丝绸之路与厦门港那些事儿》，2018 年自印本。

朱维幹：《福建史稿（下）》，福建教育出版社 2008 年版。

邹爱莲、霍启昌：《澳门历史地图精选》，华文出版社 2000 年版。

王庆成：《稀见清世史料并考释》，武汉出版社 1998 年版。

张天泽著，王顺彬、王志邦译：《中葡通商研究》，华文出版社2000年版。

（美）腓力普·威尔逊·毕著，陈国强译：《厦门方志：一个中国首次开埠港口的历史与事实》，中国基督教卫理公会出版社1912年版。

（西班牙）门多萨撰，何高济译：《中华大帝国史》，中华书局1998年版。

（英）博克舍编注，何高济译：《十六世纪中国南部行纪》，中华书局1990年版。

（美）马士著，区宗华译：《东印度公司对华贸易编年史（1635—1834年）第一、二卷》，中山大学出版社1991年版。

（荷）包乐史著，庄国土、吴龙、张晓宁译：《巴达维亚华人与中荷贸易》，广西人民出版社1997年版。

（荷）伽士特拉著，倪文君译：《荷兰东印度公司》，东方出版中心2011年版。

（法）老尼克著，钱林森、蔡宏宁译：《开放的中华：一个番鬼在大清国》，山东画报出版社2004版。

（日）松浦章著，李小林译：《清代海外贸易史研究》，天津人民出版社2016年版。

（新加坡）吴振强著，詹朝霞、胡舒扬译：《厦门的兴起》，厦门大学出版社2018年版。

（日）田中健夫著，杨翰球译：《倭寇——海上历史》，社会科学文献出版社2015年版。

（日）木宫泰彦著，胡锡年译：《日中文化交流史》，商务印书馆1980年版。

（日）大庭脩：《江户时代日中秘话》，中华书局1997年版。

（泰）沙拉信·威拉蓬著，徐启恒译：《清代中暹贸易关系》，上海译文出版社1988年版。

（日）村上卫著，王诗伦译：《海洋史上的近代中国：福建人的活动与英国、清朝的因应》，社会科学文献出版社2016年版。

论　　文

陈国栋：《关于"的惺号"及其出水文物的一些意见》，载文物局水下文化遗产保护中心编：《水下考古学研究·第2卷》，科学出版社2016年版。

陈万里：《调查闽南古代窑址小记》，《文物参考资料》1957年第9期。

陈希育：《清代前期的厦门海关与海外贸易》，《厦门大学学报（哲学社会科学版）》1991年第3期。

陈自强：《略论明代中后期福建的对日交通》，《海交史研究》1985年第2期。

戴一峰：《18—19世纪中国与东南亚的海参贸易》，《中国社会经济史研究》1998年第4期。

戴一峰：《五口通商时期的福建对外贸易》，《福建论坛（文史哲版）》1988年第1期。

戴一峰：《饮食文化与海外市场：清代中国与南洋的海参贸易》，《中国经济史研究》2003年第1期。

方碧勇：《厦门国际贸易古地图：〈东洋南洋海道图〉》，《福建史志》2016年第3期。

福建博物院、南靖县文物保护中心：《南靖县东溪窑封门坑窑址 2015 年发掘简报》，《福建文博》2015 年第 3 期。

黄汉杰：《福建省最近发现的古代窑址》之《同安宋代窑址》，《文物》1959 年第 6 期。

金涛：《浙江宁波象山"小白礁Ⅰ号"清代沉船树种鉴定和用材分析》，《文物保护与考古科学》2015 年第 2 期。

李辉柄：《福建省同安窑调查纪略》，《文物》1974 年第 11 期。

李金明：《清代前期中国与东南亚的大米贸易》，《南洋问题研究》1990 年第 4 期。

李庆新：《地方主导与制度转型——明中后期海外贸易管理体制演变及其区域特色》，《学术月刊》2016 年第 1 期。

栗建安：《福建仿龙泉青瓷的几个问题》，载浙江省博物馆编：《东方博物（第三辑）》，杭州大学出版社 1999 年版。

林忠干、张文崟：《同安窑系青瓷的初步研究》，《东南文化》1990 年第 5 期。

刘净贤：《福建仿龙泉青瓷及其外销状况初探》，《故宫博物院院刊》2013 年第 5 期。

刘良山：《近代厦门对外贸易发展研究（1862—1911 年）——以历年厦门海关贸易统计报告为中心》，厦门大学 2008 年硕士学位论文。

刘晓斌：《宋元龙泉青瓷外销探析》，《江西文物》1991 年第 4 期。

刘勇：《荷兰东印度公司中国委员会与中荷茶叶贸易》，《厦门大学学报（哲学社会科学版）》2013 年第 4 期。

卢泰康：《从台湾与海外出土的贸易瓷看明末清初中国陶瓷的外销》，载郑培凯主编：《逐波泛海——十六至十七世纪中国陶瓷外销与物质文明扩散国际学术研讨会论文集》，香港城市大学中国文化中心 2012 年版。

彭泽益：《清初四榷关地点和贸易量的考察》，《社会科学战线》1984 年第 3 期。

邱普艳：《从道光〈厦门志〉看清朝前期的厦门海关》，《中国地方志》2010 年第 2 期。

水海刚：《中国古代海上丝绸之路的近代演变——以环南中国海地区为视域》，《光明日报》2019 年 3 月 11 日第 14 版。

松浦章著，郑洁西译：《万历年间的壬辰倭乱和福建海商提供的日本情报》，载中国社会科学院历史研究所明史研究室编：《明史研究论丛（第八辑）》，紫禁城出版社 2010 年版。

项坤鹏：《浅析东南亚地区出土（水）的龙泉青瓷——遗址概况、分期及相关问题分析》，《东南文化》2012 年第 2 期。

肖发标：《中葡早期贸易与漳州窑的兴烧》，《福建文博》1999 年增刊。

羊泽林、栗建安、宋蓬勃、陈建国：《东南龙窑技术的历史记忆——厦门同安坑仔口现代陶窑调查》，《南方文物》2011 年第 3 期。

杨国桢：《葡萄牙人 Chincheo 贸易居留地探寻》，《中国社会经济史研究》2004 年第 1 期。

杨国桢：《十七世纪海峡两岸贸易的大商人——商人 Hambuan 文书试探》，《中国史研究》2003 年第 2 期。

周翔鹤：《胸中的航海图——郁永河〈裨海纪游〉手绘"宇内形势图"（示意图）研究》，《海交史研究》2014 年第 2 期。

叶文程、罗立华：《中国青花瓷器的对外交流》，《江西文物》1990 年第 2 期。

张勇：《福州地区发现的宋元墨》，《福建文博》1998 年第 1 期。

赵丰：《海交史上的苏木》，《海交史研究》1986 年第 1 期。

郑东、周翠蓉：《福建厦门发现宋代纪年墓》，《南方文物》2000 年第 2 期。

郑东：《厦门市古墓葬考古综论》，《南方文物》2002 年第 3 期。

郑洁西：《万历朝鲜之役前夜明朝对日本的攻守战略》，载张伟主编：《浙江海洋文化与经济（第三辑）》，海洋出版社 2009 年版。

庄为玑：《浙江的龙泉与福建的"土龙泉"》，载中国考古学会编：《中国考古学会第三次年会论文集1981》，文物出版社 1984 年版。

苏基朗著，叶妮雅译：《宋元时期闽南海外贸易中的商业活动》，《海交史研究》2004 年第 2 期。

（日）平松量：《清初的外国贸易》，《史学研究》第 43 号（1951 年 3 月）。

（日）寺田隆信：《关于清朝的海关行政》，《史林》第 49 卷第 2 期（1966 年 3 月）。

（日）稻垣正宏、新保辰夫、丰田裕章译：《两种珠光茶碗》，《海交史研究》1997 年第 1 期。

（日）森村健一：《菲律宾圣迭戈号沉船中的陶瓷》，《福建文博》1997 年第 2 期。

（英）甘淑美：《西班牙的漳州窑贸易》，《福建文博》2010 年第 4 期。

（英）甘淑美：《荷兰的漳州窑贸易》，《福建文博》2012 年第

1期。

（菲）欧·马·阿利普：《华人在马尼拉》，载中外关系史学会编：《中外关系史译丛》第一辑，上海译文出版社1984年版。

（墨）维·罗·加西亚：《马尼拉帆船（1739—1745）》，载中外关系史学会编：《中外关系史译丛》第一辑，上海译文出版社1984年。

外文论著与文献

Blair and Robertson, *The Philippine Islands*, Cleveland: The Arthur H. Clark Co., 1903-1909.

Chang, Pin-Tsun, *Chinese Maritime Trade: The Case of Sixteenth-Century Fu-Chien (Fukien)*, PhD thesis, Princeton University.

Ch'u T'ungtsu, *Local Government in China Under the Ch'ing*, Cambridge, Mass.: Harvard University Press, 1962.

Fritz Nagel, *Nagel Auctions: Tek Sing Treasures*, Stuttgart: Stuttgarter Kunstauktionshaus, 2000.

H. de la Costa, *The Jesuits in the Philippines*, 1581—1768, Cambridge, Mass: Harvard University Press, 1961.

Jennifer W. Cushman, *Fields from the Sea: Chinese Junk Trade with Siam during the Late Eighteenth and Early Nineteenth Centuries*, unpublished PhD dissertation, Cornell University, 1975.

Jos Gommans and Rob van Dissen, *Comprehensive Atlas of the Dutch United East India Company*, Part Ⅶ: *East Asia, Burma to Japan & Supplement*, Voorburg: Atlas Maior Publishers, 2010.

Sarashin Viraphol, *Tribute and Profit: Sino-Siamese Trade 1652—1853*, Harvard East Asian Monographs, 76, Cambridge, Mass.: Harvard University Press, 1977.

Yoji Aoyagi, "*Trade Ceramics Discovered in Southeast Asia*", 载《中国与海上丝绸之路：联合国教科文组织海上丝绸之路综合考察泉州国际学术讨论会（1991.2.17—20）论文集（续集）》福建人民出版社1994版。

后 记

《福建海上丝绸之路研究丛书》是由福建省炎黄文化研究会发起，且得到福建省政协文化文史和学习委员会支持的系列研究项目。我们接到厦门卷写作任务后，组织了由段芳、胡舒扬和牛震宇三位博士生组成的写作小组，我参与写作了绪论，第三章，第四章第二节，第六章第一节，结语部分；段芳写作第一章第二、三节，第二章，第五章第一节，第六章第二、三、四节；胡舒扬写作第一章第一节，第四章第三节，第五章第二、三节；牛震宇写作第四章第一节部分。经过两年多的努力，完成了初稿。我在初稿的基础上进行了整合、统稿。在写作过程中，我们得到省炎黄文化研究会学术委员会各位老师的大力支持和帮助，谨此表示深深的谢意！

王日根
2019年9月8日于厦门大学南光楼